はじめての超カンタンフランス語

塚越 敦子

SURUGADAI-SHUPPANSHA

＊付属の CD-ROM についての注意事項

・収録されているファイルは、MP3 形式となっております。パソコンで再生するか（iTunes、Windows Media Player などの音楽再生ソフト）あるいは MP3 プレーヤーに取り込んで聞いてください。(CD プレーヤー及び DVD プレーヤーでは再生できません。無理に再生しようとすると、プレーヤーを破損する恐れもありますので、十分ご注意ください。) パソコンやソフトウェアの使用方法はそれぞれのマニュアルをご覧ください。

まえがき

　この本を手にとられたのは、フランスに行ってみたいからですか。お菓子や料理が好きだからですか。ただ何となくですか。理由はどうあれ、フランスになにかしら興味があるのですよね。それならフランス語を始めるのは、今です！このチャンスを逃してはダメです！語学学習で一番大切なことは、そのことばの国に少しでも関心を持つことなのです。

　さぁ、何から始めましょうか。まず、イメージしてみましょう。パリのセーヌ河畔のカフェのテラスに座って、明るい日差しのなか、カフェオレを片手にゆったりとした時間を過ごしています。次にカフェのギャルソンとの会話を想像しましょう。ボンジュール・・・。フランス人はとても母国語を愛しているので、たった一言ボンジュールと口にしただけで、すぐに打ち解けてくれます。大事なことは、そのボンジュールが Bonjour（ボンジュール）とフランス語風に発音されることなのです。なにもきちんと発音をしなければいけないというわけではありません。正確な音に近づけるように努力している姿が相手の共感を呼ぶのです。そうしたら、もっといい発音の仕方を教えてくれるかもしれませんし、逆に日本語を教えてあげることだってできます。笑いながら単語をつなぎ合わせるだけで、意思の疎通ができれば、楽しいフランス語会話の成立です。

　本書では、フランス語を学び始める方が、そのようなイメージを想像だけで終わらせることなく実践できるように、さまざまな工夫をこらしています。難しいことには一切触れずに、フランス語の基礎を学べるようにこころがけました。文法の説明については多少難しい箇所もあるかもしれませんが、そこは100％理解する必要はありません。まずはフランス語に慣れることが大切です。そのため、「発音」では、親しみを持っていただけるように日本語のなかのフランス語を意識的に集めました。次の「超基本単語」以降では、単語ひとつとってもフレーズひとつとっても、よく使われていて一言で言えるものばかりを取り上げました。また、動詞に関しても、実際に使える13の動詞だけを厳選しました。それらすべてを活用できるように、最後の「超基本会話」では、より実践的なシチュエーションをいくつか想定しました。

　本書を学習し終えたときには、おそらくフランス語の基礎を習得されたという達成感を持っていただけることでしょう。さらにステップアップしたいという気持ちになっていただければ、著者は本望です。

　最後に、本書の刊行にあたり、編集を担当してくださった浅見忠仁氏、上野名保子氏、上野大介氏をはじめとして、ご協力いただきました方々に心より感謝申しあげます。

著　者

本書の使い方

　はじめてフランス語を学ぶ方が学びやすいよう、さまざまな工夫をこらしました。付属 CD-ROM の音声も十分活用し、「聴く」、「読む」、「話す」、「書く」の4要素をしっかり練習してください。大事なことは声を出すことです。慣れてきたら、カタカナルビを赤シートで隠してみましょう。音声を真似しながら、どんどん声を出しましょう！

発音

　フランス語についての基本的な解説と発音のしくみを説明しています。特に注意するフランス語の発音部分には下線をし、l と区別するため r のカタカナ表記は**太字**にしています。練習問題もしっかりやってフランス語の基礎の基礎を覚えましょう。音声はフランス語→日本語の順です。練習問題は答えを赤シートで隠してやってみましょう。

超 基本単語

　フランス語の基礎となる単語を集めました。男性名詞と女性名詞の区別や形容詞の作り方など、これぞフランス語という特徴を覚えましょう。間違えやすい女性形と複数形を区別するために、女性形の e は茶色字、複数形の s をオレンジ色にして、見た目をわかりやすくしています（フランス語の単語のみ対象）。音声は、フランス語→日本語の順です。

超 基本表現

　日常会話ですぐに使える短い表現を集めました。どんどん使ってみましょう。音声は、フランス語→日本語の順です。

超 基本フレーズ

超基本的な表現を学びましょう。注意が必要なところは茶色字にしました。音声は、各動詞の紹介ページを除き、日本語→フランス語の順です。（超基本動詞も同じ形式です。）

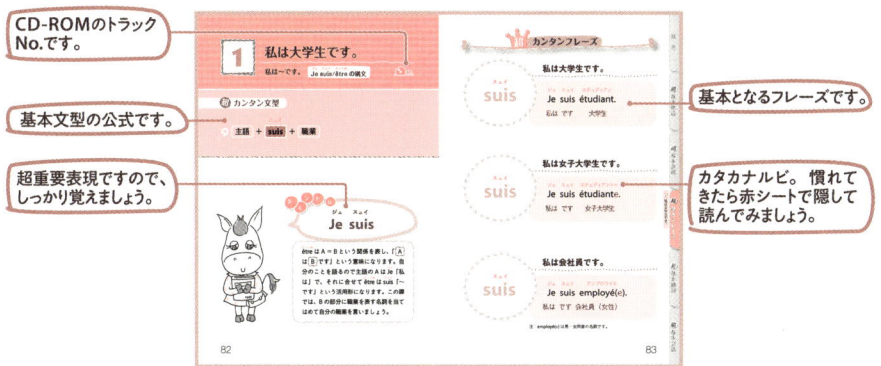

超 基本動詞

フランス語の世界を広げる4つの動詞を中心に、よく使う表現を覚えましょう。

超 基本会話

旅行中のよくあるシーンを想定した会話集です。実際にフランスに行ったつもりになって会話してみましょう。音声はフランス語のみです。

5

本書の使い方　　　　　　　　　　　　　　　　　　　4

発音

フランス語の自己紹介　　　　　　　　　　　　　　10
1　alphabet アルファベ　　　　　　　　　　　　　14
2　つづりと発音　　　　　　　　　　　　　　　　16
3　流れを作るルール　　　　　　　　　　　　　　27

超 基本単語

1　名詞　家族 / 人 / 食べ物 / 飲み物　　　　　　　30
2　冠詞　不定冠詞 / 部分冠詞 / 定冠詞 / ファッション　35
3　指示形容詞　オフィス　　　　　　　　　　　　38
4　所有形容詞　日々の暮らし　　　　　　　　　　40
5　数字　数字 1～30　　　　　　　　　　　　　　43
6　月・曜日・季節　月 / 曜日 / 季節 / 序数詞　　　45
7　形容詞　形容詞の女性形の作り方 / 形容詞の複数形の作り方 /
　　動詞 être とともに使う用法（属詞的用法）/ 名詞とともに使う用法 /
　　名詞の前に置く形容詞 / 男性名詞＋色の形容詞　女性名詞＋色の形容詞 /
　　C'est ＋感想の形容詞（男性単数形）　　　　　48
8　代名詞　主語人称代名詞 / 人称代名詞強勢形 / 指示代名詞　54

超 基本表現

出会いのとき / 自己紹介 / 別れのとき① / 別れのとき②【bon ＋名詞】を使う言い方 /
受け答え / お礼 / お詫び / 食卓で / お願い / 会話をつなぐ表現　あいづち /
会話をつなぐ表現　誘いに対する応答 / 祝福 / 激励 / 提示表現 / 天候 / 時刻 / いつ、どこで、
どんな風に / 何 / 買い物 / その他　　　　　　　58
フランス語の文の作り方　　　　　　　　　　　　75

超 基本フレーズ

être エートル「〜です/いる」の紹介 … 80
1. 私は大学生です。 Je suis ジュ スュイ / être エートルの構文 … 82
2. 私はパリにいます。 Je suis ジュ スュイ / être エートルの構文 … 86
3. あなたはフランス人ですか？ Vous êtes ヴゼットゥ / être エートルの構文 … 90
4. 私は大学生ではありません。 否定の構文 … 94
5. あなたは（感じが）いい人ですね。 Vous êtes ヴゼットゥ / être エートルの構文 … 98

avoir アヴォワール「持つ」の紹介 … 102
1. 私はパスポートを持っています。 J'ai ジェ / avoir アヴォワールの構文 … 104
2. 私はお腹がすいています。 J'ai ジェ / avoir アヴォワールの構文 … 108
3. あなたはお腹がすいていますか？ Vous avez ヴザヴェ / avoir アヴォワールの構文 … 112

第1群規則動詞の紹介 … 116
1. 私は音楽が好きです。 J'aime ジェム / aimer エメの構文 … 118
2. あなたは映画が好きですか？ Vous aimez ヴゼメ / aimer エメの構文 … 122
3. 私は歌がうまいです。 第1群規則動詞の構文 … 126

前置詞プラスアルファ① … 130

超 基本動詞

超基本動詞4つ … 132
1. 私はフランス語を話します。 Je parle ジュ パルル / parler パルレの構文 … 134
2. あなたはフランス語を話しますか？ Vous parlez ヴパルレ / parler パルレの構文 … 138
3. 私はパンを食べます。 Je mange ジュ マンジュ / manger マンジェの構文 … 142
4. 私はピカソ美術館に行きます。（を訪れます。） Je visite ジュ ヴィズィトゥ / visiter ヴィズィテの構文 … 146
5. 私はこれを買います。 Je prends ジュ プラン / prendre プランドルの構文 … 150

6	あなたはデザートを食べますか？ Vous prenez ヴ プルネ / prendre プランドルの構文	154
7	お水をください。（欲しいです。） Je voudrais ジュ ヴドレ / vouloir ヴロワールの構文＝丁寧な言い方	158

前置詞プラスアルファ② 162

超 基本会話

1	こんにちは	164
2	どこに住んでいますか？	165
3	自己紹介	166
4	タクシーで	167
5	ホテルで	168
6	銀行で	169
7	ショッピング①	170
8	ショッピング②	171
9	レストラン①	172
10	レストラン②	173
11	カフェで	174

単語帳 175

8

発音

まずはしっかり発音を学びましょう！カタカナを頼りに音声を真似しながら何度も繰り返し声に出して練習しましょう！

フランス語の自己紹介

　知っている「フランス語」は何ですか？あらためてこう聞かれると、なかなかすぐには思いつかないですよね。でも、実は知らず知らずのうちにみなさんは「フランス語」を当たり前のように使っているのです。例えば、**レストラン**や**クロワッサン**そして**クレヨン**など。では、「フランス語」からどんな日本語が生まれたのでしょうか。少しだけ紹介しましょう。

　グラタン、マヨネーズ、オードブル、スープ、ズボン、コロッケ、アンサンブル、アンコール、バレエ、コンクール、クーポン、バリカン、シネマ、アトリエ、クーデター、メトロ、ベージュ、アンケート、エッセー、シュシュ、サンダル。レストランはもちろん**カフェ**やお菓子屋さんの名前にその**メニュー**。洋服のブランド名や建物の名称。まだまだたくさんあって紹介しきれません。日本では江戸末期の開国の頃からフランスの文化、料理、芸術などが積極的に受け入れられてきました。そのため、日本語のなかにかなりの「フランス語」が定着したのです。

　「フランス語」は世界で一番美しいことばと称されています。その是非は別にしても「フランス語」が流れる音楽のように耳に心地よいことばであることは確かです。それは、つづりと発音の密接な関係と独特な発音のルールのおかげなのです。でも「フランス語」を少しでもかじった人たちからは「発音が難しくて」とよく言われます。英語の読み方に慣れてしまった人にとって、新た

に「フランス語」のつづりの読み方を覚えるのは少々面倒なことでしょう。例えば、bouillon はどのように発音するのでしょう。音のグループごとに分解すると b= ブ、ou= ウ、ill= イーユ、on= オンとなります。それをつなげて読むとブイヨンです。**スープ**の素の**ブイヨン**のことです。このように普段何気なく使っている単語でもつづりで見ると難しく感じますね。しかし、「フランス語」はつづりでその発音は決まっていて、その音の種類も多くありません。英語のように同じ文字なのにいろいろな読み方をするということはありません。むしろローマ字と同じように発音することが基本なのです。その点では、音的に日本語の方が近いかもしれません。そこにリエゾンなどの独特な発音のルールが加わって、流れる音楽のようなことばに変身するのです。では、発音に対する戸惑いを解消するにはどうすればいいのでしょうか。

　そこで、前に挙げたような日本語のなかの「フランス語」を活用すればよいのです。なじみのある単語に触れたとき、読み方が同じならば安心感で、読み方が独特ならばその意外性で「フランス語」を覚えやすくなります。これこそが一番の解決策なのです。本書では意識的にそのような単語ばかりを集めていますので、親しみながら楽しく発音をものにすることができます！そして、次はステップアップしましょう。つづりを見ただけでその単語を読めるようになりましょう。フランス料理店で、「鶏の赤ワイン煮」のことを「フランス語」で Coq au vin **コッコ ヴァン**と言えた方が、

11

デザートのプリンだって、Crème brûlée クレーム ブリュレと言えた方が楽しいに決まっています。このような些細なことが、実はフランスの心を感じるための第一歩なのです。ことばを知るということは、異文化体験をより豊かにしてくれます。

　さらに、「フランス語」という言語は、フランスだけで話されているわけではないのです。ベルギー、スイス、カナダのケベック、モナコ、アンドーラ、ルクセンブルグでは、母国語・公用語です。他にもアフリカ諸国やカリブの国々やフランス語圏とされる国は約50カ国あります。オリンピックはもちろん国連、EU、ユネスコ、万国郵便連合の公用語です。日本では、英語ばかりがクローズアップされていますが、実は「フランス語」も世界でもっとも有力な言語のひとつなのです。「フランス語」を学ぶことによって、英語社会以外の新しい世界がみなさんの目の前に広がることでしょう。

　最後に、発音の次の段階で戸惑われないように、英語とは大きく違う「フランス語」の特徴を2つ紹介しましょう。
　まず、ラテン語から出来た「フランス語」には、名詞に性の区別があります。**男性名詞**と**女性名詞**があるなんて驚いてしまいますね。「父」や「母」のように自然の性に従っているものや生物以外の名詞にも文法上の性の区別があります。それにともなって、**冠詞**や**形容詞**も、その関係している名詞の性と数に合わせて変化

させなければなりません。はじめは不思議に思われるかもしれませんが、勉強を進めていくうちにその整合性のリズムに慣れてくるでしょう。

　2つ目の特徴は、**動詞の活用形の変化**が多いことです。日本語とは違い、「フランス語」では文章を作るときの動詞の形は主語によって決まります。原形のままで文章を作ることはできません。これはとても重要なことです。そのような活用形の変化を覚えるのはちょっと大変になるかもしれません。でも、主語に合せた**語尾活用の法則**があるので、要領よく覚えることができます。

　どんなことを学ぶにも実践と継続が何より大切です。近道はありません。実際に勉強して練習問題に取り組んで、わからなくなったら元に戻ってもう一度。そうやって繰り返していくうちに、「フランス語」に慣れていくのです。つまり、それが「フランス語」を習得するということなのです。さぁ、それでは発音から始めましょう！

 alphabet　アルファベ

　英語と同じように alphabet を使います。フランス語は最後の子音字を発音しないので alphabet をアルファベと読みます。まずは、音声を聞きながらアルファベ 26 文字の呼び方に慣れてください。次に、音声を真似しながら声に出して読んでください。注：母音字（茶色字）は 6 つ。　002

A,a ア	B,b ベ	C,c セ	D,d デ		
E,e ウ	F,f エフ	G,g ジェ	H,h アシュ		
I,i イ	J,j ジ	K,k カ	L,l エル	M,m エム	N,n エヌ
O,o オ	P,p ペ	Q,q キュ	R,r エール	S,s エス	T,t テ
U,u ユ	V,v ヴェ	W,w ドゥブルヴェ	X,x イックス		
Y,y イグレック	Z,z ゼドゥ				

注：日本語には存在しない音もありますが、今の段階では一番似ている音を出すようにこころがけてください。

オン ヴァ　エセイエ
On va essayer ! 【トライしましょう！】 003

次のスペルをアルファベで言って、読みをカタカナで書いてみましょう。

1. SNCF　フランス国有鉄道　　[　　　　　　　　　]
2. TGV　フランスの新幹線　　[　　　　　　　　　]
3. TVA　付加価値税（消費税）　[　　　　　　　　　]
4. EDF　フランス電力会社　　[　　　　　　　　　]

解答：1. エスエヌセーエフ　2. テージェヴェ　3. テーヴェア　4. ウデーエフ

14

つづり字記号

アルファベ26文字のいくつかの文字には、次のような特殊な記号がつくことがあります。これをつづり字記号といいます。つづりの一部ですから必ず書いてください。

記号	名称	例	単語例
´	アクサン・テギュー	é	consommé コンソメスープ（コンソメ）
`	アクサン・グラーヴ	à, è, ù	meunière ムニエル（ムニエール）
^	アクサン・スィルコンフレックス	â, ê, î, ô, û	la forêt 森（ラ フォレ）
¨	トレマ	ë, ï, ü	Noël クリスマス（ノエル）
¸	セディーユ	ç	garçon 少年（ガルソン）
'	アポストロフ		hors-d'œuvre オードブル（オルドゥーブル）
-	トレ・デュニオン		pot-au-feu ポトフ（ポト フ）

注：アクサン記号は英語のアクセントのように強く発音する箇所を示す記号ではありません。

On va essayer ! 〔トライしましょう！〕（オン ヴァ エセイエ）

次の単語をはじめはなぞって、次に正確に書き写しましょう。

1. café コーヒー（カフェ） → café →
2. à la carte アラカルト（ア ラ カルトゥ） → à la carte →
3. crêpe クレープ（クレープ） → crêpe →

つづりと発音

　フランス語の発音のしくみは単純です。つづりと発音の関係が規則的になっているので、その基本ルールさえ押さえてしまえば、つづりを見ただけで知らない単語もすらすらと読めるようになります。英語よりもはるかにカンタンです。基本ルールに慣れるまではちぐはぐに感じるかもしれませんが、ひとたび覚えてしまえば、パズル感覚で楽しく発音できるようになります。では、超基本ルールから。

超基本ルール① 🔊 005

ローマ字のように発音する。

　アニメ　　　　　　　　　パラソル　　　　　　　　　サロン
　animé アニメ　　　parasol パラソル　　salon サロン

超基本ルール② 🔊 006

語末の e と語末の子音字は発音しない。ただし、語末の c,f,l,r は発音される場合が多い。

　マリー　　　　　　　　　　パリ　　　　　　　　ヴォルヴィック
　Marie マリー（女性の名前）　Paris パリ　　Volvic ヴォルヴィック

超基本ルール③ 🔊 007

h は発音しない。

　オピタル　　　　　　　　　　オム
　hôpital 病院　　　　homme 男の人

注：h [―] は、常に発音されません。ただ、語頭の h には、「無音の h」と「有音の h」という文法上の区別があります。「無音の h」で始まる単語は母音で始まる語とみなされます。いわゆる基本単語のなかの語頭が h の単語は、ほとんど「無音の h」ですので、今の段階では「有音の h」について気にする必要はありません。

ローマ字のように発音するためには、それぞれの文字の音を知らなければなりません。アルファベ26文字を大きく母音字と子音字の2つに分けて、その読み方をカンタンにお見せします。まず母音字の発音からですが、これらは日本語の「ア」「イ」「ウ」「エ」「オ」を大いに活用することができます。気楽に発音してみましょう。一番近い音のカタカナを表記しますが、必ず音声を聞いて正確な音を真似してくださいね。発音のコツも参考にしてください。該当する箇所は下線部分です。

① 単母音字の発音 (母音字1つ)

a à â ［ア］ 口を大きく開けて

アニマル　　　　　アラ モードゥ　　　　テアトル
an<u>i</u>mal 動物　à la mode 流行の　thé<u>â</u>tre 劇場

i î ï y ［イ］ 口を思いきり左右に引っ張りながら

ビストロ　　　　　　ディネ　　　　　エゴイストゥ　　　　スティル
b<u>i</u>stro ビストロ　d<u>î</u>ner 夕食　égo<u>ï</u>ste エゴイスト　st<u>y</u>le スタイル

o ô ［オ］ 唇を突き出しながら

メトロ　　　　　　　オテル
mét<u>ro</u> 地下鉄　h<u>ô</u>tel ホテル

u û ［ユ］ 口をすぼめて［イ］と言う感じで

ピュレ　　　　　　　　　　　フリュトゥ
p<u>u</u>rée ピュレ (料理用語)　fl<u>û</u>te フルート

17

（音節末） [ウ]　口を大きく開けて軽い感じで

　　　ムニュ　　　　　　アトゥリエ　　　　　　プティ
　　　menu 定食　　　atelier アトリエ　　　petit 小さい

注：音節とは、ひとまとまりの音として単語を構成する単位のことをいいます。フランス語の音節は［母音］、［子音＋母音］の組合せでほとんど構成されています。子音のみで音節を作ることはできません。この構造は日本語の音節とほぼ同じです。そのため、フランス語は英語と違って、ローマ字読みをするだけでフランス語風に聞こえるのです。

　　　　　ムニュ　　　　　ム　ニュ
　例 menu「定食」→ me-nu

 （語末・音節末以外） [エ]

　　　ジレ　　　　　　オブジェ　　　　　　オムレットゥ
　　　gilet ベスト　　objet オブジェ　　omelette オムレツ

 [エ]

　　　ラメ　　　　　　メートル　　　　　　アンケートゥ　　　　ノエル
　　　lamé ラメ　　mètre メートル　　enquête アンケート　　Noël クリスマス

On va essayer！ [トライしましょう！] 009

次の単語の読み方を実際に発音しながらカタカナで書いてください。

1. ballet　バレエ　　　　[　　　　　　　]
2. potage　ポタージュ　　[　　　　　　　]
3. sommelier　ソムリエ　[　　　　　　　]
4. styliste　デザイナー　[　　　　　　　]
5. pierrot　道化師　　　[　　　　　　　]

解答：1. バレ　2. ポタージュ　3. ソムリエ　4. スティリストゥ　5. ピエロ

18

② 複母音字の発音 (複母音字＝母音字が2つ以上) 🎵 010

　2つ以上の母音字でも1つの音しか出しません。母音字が並んでいると見た目では複雑そうですが、つづりと音の対応は明確なので覚えてしまえばカンタンです。8つの組合せに対して5つの音だけです。この8つの組合せもそれぞれ1つの母音の音として読みましょう。

 ［エ］

メゾン
maison 一軒家　　ベージュ
beige ベージュ

 ［オ］

カフェ オ レ
café au lait カフェオレ　　マントー
manteau コート

 ［ウ］　口を丸く大きく開けて［エ］と言う感じで

ブルー
bleu 青い　　カシュ クール
cache-cœur カシュクール（ブラウス）

 ［ウ］　口を丸くとがらせながら強く

クーポン
coupon クーポン券　　ブティック
boutique 店

19

oi ［ォワ］

クロワサン
croissant クロワッサン

バヴァロワ
bavarois ババロワ

オン ヴァ エセイエ
On va essayer ! ［トライしましょう！］ 🎵 011

次の単語の読み方を実際に発音しながらカタカナで書いてください。

1. la Seine セーヌ川　　［　　　　　　　　］
2. Beaujolais nouveau ボジョレ・ヌーボー ［　　　　　　　　］
3. gourmet グルメ　　［　　　　　　　　］
4. essai 随筆　　［　　　　　　　　］
5. gâteau ケーキ　　［　　　　　　　　］

解答：1. ラ セーヌ　2. ボジョレ ヌーヴォー　3. グルメ　4. エセ　5. ガトー

③ 鼻母音の発音（母音字＋m, n）🎵 012

一番近い音で［アン］［オン］と表記しますが、実際は口を閉じずに［ア］や［オ］の口の形のままで［ン］と言ってみましょう。

注：語頭の em/en 以外で mm, nn というように m と n が重なる場合には鼻母音になりません。

am, an, em, en, im, in, ym, yn, aim, ain, eim, ein, um, un ［アン］

ランプ
lampe ランプ

レストラン
restaurant レストラン

アンサンブル
ensemble 一緒に

アンポスィーブル
impossible 不可能な

グラタン
gratin グラタン

サンボル
symbole シンボル

パン
pain パン

パルファン
parfum 香水

20

om, on ［オン］

ポンプ
pompe ポンプ

コンクール
concours コンクール

オン ヴァ エセイエ
On va essayer ! ［トライしましょう！］ 013

次の単語の読み方を実際に発音しながらカタカナで書いてください。

1. f**in**　終わり　　　　　　　[　　　　　　　]
2. Jap**on**　日本　　　　　　　[　　　　　　　]
3. fr**am**boise　木いちご　　　[　　　　　　　]
4. Fr**an**ce　フランス共和国　[　　　　　　　]
5. f**ian**cée　女性の婚約者　　[　　　　　　　]

解答：1. ファン　2. ジャポン　3. フ**ラ**ンボワーズ　4. フ**ラ**ンス　5. フィアンセ

④ 特殊な母音の発音（半母音） 014

　＋母音字　［イ］を後続の母音とひと続きに発音

ピヤノ
p**i**ano ピアノ

ヴィヨレットゥ
v**i**olette スミレ

　＋母音字　［ユ］を後続の母音とひと続きに発音

ニュアンス
n**u**ance ニュアンス

キュイズィーヌ
c**u**isine 料理、台所

21

 ＋母音字　［ウ］を後続の母音とひと続きに発音

ウエストゥ　　　ウィ
ouest 西　　oui はい

 ［アイユ］

トラヴァイユ　　　　　ヴェルサイユ
travail 仕事　　Versailles ヴェルサイユ（パリ近郊の都市名）

 ［エイユ］

ソレイユ　　　　マルセイユ
soleil 太陽　　Marseille マルセイユ（南フランスの都市名）

 ［イーユ］

ファミーユ　　　　フィーユ　　　　　　ヴィル　　　　ミル
famille 家族　　fille 女の子　　例外 ville 都市　　mille 千の

オン ヴァ エセイエ
On va essayer !　［トライしましょう！］　🔊 015

次の単語の読み方を実際に発音しながらカタカナで書いてください。

1. l'arc-en-ciel 虹　　　　　[　　　　　　　　]
2. silhouette シルエット　　　[　　　　　　　　]
3. maquillage 化粧　　　　　[　　　　　　　　]

解答：1. ラルカン スィエル　2. スィルエットゥ　3. マキヤージュ

22

次に子音字の読み方に移りましょう。ここでは、すべての子音字を取り上げます。そうすれば、ローマ字読みのように子音と母音を組合わせてスムーズに発音できるようになります。

⑤ 子音字の発音 🎧 016

b [ブ]
デビュ
dé<u>b</u>ut 初登場

---

c [ク]
キュロットゥ
<u>c</u>ulotte 半ズボン

注：c + a ［カ］　c + o ［コ］
　　c + u ［キュ］

---

c [ス]
スィネマ
<u>c</u>inéma 映画、映画館

注：c + e ［ス］　c + i ［スィ］
　　c + y ［スィ］

---

d [ドゥ]
エテュドゥ
étu<u>d</u>e 勉強、習作、エチュード

---

f [フ]
アンファン
en<u>f</u>ant 子ども

---

g [グ]
ギッドゥ
<u>g</u>uide ガイド

注：g + a ［ガ］　g + o ［ゴ］
　　g + u ［ギュ］

---

g [ジュ]
コンスィエルジュ
concier<u>g</u>e 管理人

注：g + e ［ジュ］　g + i ［ジ］
　　g + y ［ジ］

23

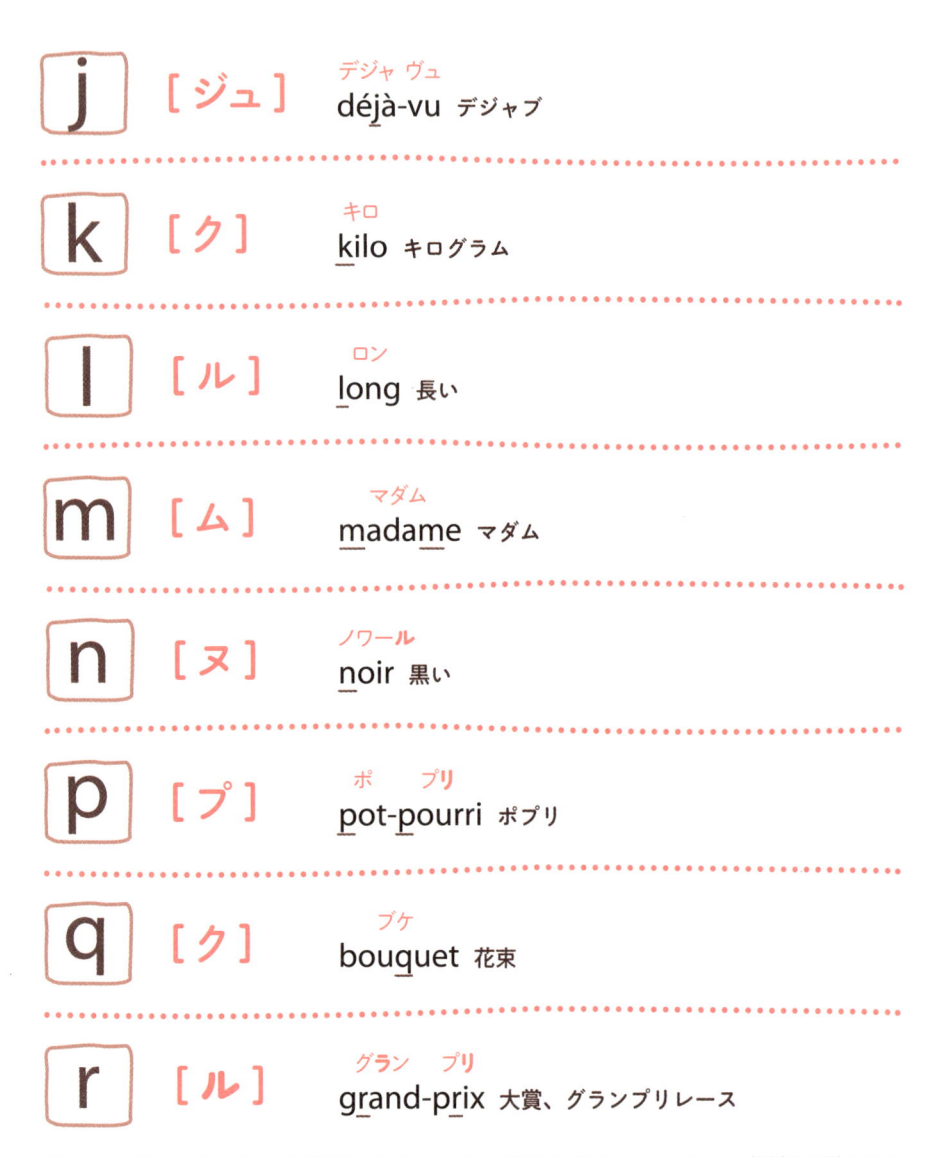

j	[ジュ]	デジャ ヴュ déjà-vu デジャブ
k	[ク]	キロ kilo キログラム
l	[ル]	ロン long 長い
m	[ム]	マダム madame マダム
n	[ヌ]	ノワール noir 黒い
p	[プ]	ポ プリ pot-pourri ポプリ
q	[ク]	ブケ bouquet 花束
r	[ル]	グラン プリ grand-prix 大賞、グランプリレース

注：rの音は、日本語にも英語にも存在しない特殊な音です。しかし、頻繁に登場する子音でフランス語らしい響きを出す音でもあります。rの音をマスターすればフランス語らしい読み方を習得できます。実際には、水なしでうがいをするような感覚で「ハヒフヘホ」を喉の奥で発音してみましょう。カタカナ表記ではlとrはどちらも［ル］となりますが、本書ではrの方のカタカナを**太字**にします。

母音＋ S ＋母音	[ズ]	ローズ rose バラ	

S （上記以外）	[ス]	スフレ soufflé スフレケーキ	

SS	[ス]	アドレス adresse 住所、アドレス

t	[トゥ]	モンタージュ montage モンタージュ

V	[ヴ]	ヴァカンス vacances 休暇

W	[ヴ]	ヴァゴン wagon 貨車

注：外来語の場合は［ウ］と発音することが多いです。 ウィケンドゥ
week-end 週末

X	[クス]	サクソフォン saxophone サクソフォーン

注：x はその位置によって［グズ］［ズ］［ス］［ク］と発音する場合もあります。

Z	[ズ]	ゾ zoo 動物園

25

⑥ 特殊な子音字の発音 🔊 017

ç [ス]　　ルソン
　　　　　　leçon　課、レッスン

ch [シュ]　シャンソン
　　　　　　chanson　歌

gn [ニュ]　コニャック
　　　　　　cognac　コニャック（酒）

th [トゥ]　テ
　　　　　　thé　紅茶　　　　注：h は常に発音されません。

On va essayer ! [トライしましょう！] 🔊 018
オン ヴァ エセイエ

次の単語の読み方を実際に発音しながらカタカナで書いてください。

1. chance　幸運　　　　　　[　　　　　　]
2. agnès b　アニエスベー　　[　　　　　　]
3. théorie　理論　　　　　　[　　　　　　]
4. poison　毒　　　　　　　[　　　　　　]
5. message　メッセージ　　　[　　　　　　]

解答：1. シャンス　2. アニエス ベー　3. テオリー　4. ポワゾン　5. メサージュ

26

# 流れを作るルール

それぞれの単語の読みは、つづりで音が決まります。それをローマ字のように発音することが基本です。単語が2語以上続く場合には、フランス語ならではの流れを作るルールが加わります。それらのルールのおかげで、音楽が流れるような耳に心地よい響きが生まれてくるのです。それは、**リエゾンやアンシェヌマン**などというルールで、2語以上の単語をまるで1語のようにつなげて読む決まりです。音声を聞きながら、流れの感覚に慣れるようにしてください。

次の文の音声を聞いてください。はじめは、ひとつひとつの単語をつなげずに読みます。

019

ジュ アビットゥ　ダン　アン　プティ　　アパルトゥマン　　アヴェック　ユヌ　アミ
Je habite dans un petit appartement avec une amie.

今度は、同じフレーズを流れを作るルールで一気に読みます。

ジャビットゥ　　ダンザン　　　　プティタパルトゥマン　　　　アヴェッキュナミ
J'habite dans‿un petit‿appartement avec‿une‿amie.

私は女友だちと一緒に小さいアパルトマンに住んでいます。

まったく違うフレーズに聞こえますよね。では、リエゾンから解説しましょう。

① リエゾン 020

本来は発音しない語末の子音字を、後続の単語の語頭の母音とつなげて発音することです。**発音しない語末の子音字がポイント**です。

ダン　アン　プティ　　アパルトゥマン　　　　ダンザン　　　プティタパルトゥマン
dans un petit appartement ⇒ dans‿un petit‿appartement

27

② アンシェヌマン 🔊 021

語末の子音を後続の語頭の母音とつなげて発音することです。

アヴェック ユヌ　アミ　　　　　アヴェッキュナミ
avec une amie　⇒　avec⌒une⌒amie

③ エリズィヨン 🔊 022

ス ドゥ ジュ ラ ル ム ヌ ク ス トゥ
ce, de, je, la, le, me, ne, que, se, te などの語末の母音字（e/a）が、後続の語頭の母音のために省略されることです。(c', d', j', l', l', m', n', qu', s', t') 注：si は、s'il
スィル
と s'ils のみです。

ジュ アビットゥ　　ジャビットゥ　　　　　　アビットゥ
　　　　　　　　　　　　　　　　　注：habite の h は「無音の h」なので母音で
Je habite　⇒　J'habite　　　　　　始まる語とみなされます。

　フランス語には、英語のような複雑なアクセント（音の強調）はありません。フランス語のアクセントは常に最後の音節に置きます。1 語でも 2 語以上であってもそれは同じです。イントネーションもカンタンです。基本的に平坦な感じで読み、文末を下降調で終えます。まとめとして「流れを作るルール」に気をつけながら次の文を聞いてください。次いで声に出して読んでみてください。

イリヤ　デザンファン　ダン　レコール
1. Il⌒y⌒a des‿enfants dans l'école.　学校に子どもたちがいます。

セタンノテル　　トレザグレアーブル
2. C'est‿un‿hôtel très‿agréable.　これはとても快適なホテルです。

注：hôtel の h は「無音の h」なので母音から始まる語とみなされます。

超 基本単語

これからフランス語を学ぶために必要な単語を集めました。難しそうにみえる男性名詞と女性名詞の区別も丁寧に解説していますので、どんどん単語を覚えられます！

1 名詞 (性と数)

「フランス語の自己紹介」でお話ししたようにフランス語の名詞には、男性名詞と女性名詞という文法上の区別があります。始めたばかりで、いきなりそんなことを覚えないといけないのかと驚かれますよね。ただ、フランス人もそれは同じ条件なのです。フランス人にとって母国語であるということは有利な点ですが、彼らだって、名詞や形容詞の性別は辞書などで調べながら覚えるしかないのです。

もちろん、少しずつ覚えていけばいいのです。いっぺんに習得しようなんて、それは無理です。「発音」のところで日本語になっている身近なフランス語を勉強したので、すでに準備態勢は整っています。フランス語を始めたばかりでも使えそうな単語や使いたい単語から徐々にやっていきましょう。そうすればすぐに慣れるはずです。

まず、自然の性に従って区別されている名詞から始めましょう。例えば、père「父」(男性名詞) や mère「母」(女性名詞) などです。このような身近な名詞から紹介しましょう。

注：男性名詞＝男、女性名詞＝女

[家族] 023

男性名詞	女性名詞
ペール **père** 父	メール **mère** 母
グラン ペール **grand-père** 祖父	グラン メール **grand-mère** 祖母
グラン フレール **grand frère** 兄	グランドゥ スール **grande sœur** 姉
プティ フレール **petit frère** 弟	プティトゥ スール **petite sœur** 妹

30

男性名詞	女性名詞
フィス **fils** 息子	フィーユ **fille** 娘
プティ フィス **petit-fils** 孫	プティトゥ フィーユ **petite-fille** 女性の孫
オンクル **oncle** おじ	タントゥ **tante** おば
クザン **cousin** 従兄弟	クズィーヌ **cousine** 従姉妹
ヌヴー **neveu** 甥	ニエス **nièce** 姪
マリ **mari** 夫	ファム **femme** 妻

【人】 024

男性名詞	女性名詞
オム **homme** 男、人間	ファム **femme** 女
ガルソン **garçon** 少年	フィーユ **fille** 少女

男性形の語尾に e をつけると女性形になる名詞もあります。おもに身分や国籍や職業などを表すものです。そのような名詞を辞書などで調べるときは男性形で引きましょう。

　注：語尾に e がつくことによって語尾の発音が変わる場合があります。

🎧 025

男性形	女性形
アミ ami 男友だち	アミ amie 女友だち
フィアンセ fiancé 婚約者	フィアンセ fiancée 女性の婚約者
ヴォワザン voisin 隣人	ヴォワズィーヌ voisine 女性の隣人
フランセ Français フランス人	フランセーズ Française フランス人女性
ジャポネ Japonais 日本人	ジャポネーズ Japonaise 日本人女性
エテュディアン étudiant 大学生	エテュディアントゥ étudiante 女子大学生
アンプロワイエ employé 会社員	アンプロワイエ employée 女性の会社員
アヴォカ avocat 弁護士	アヴォカットゥ avocate 女性の弁護士

　注：アンファン　　　　エレーヴ　　　　　ジュルナリストゥ　　　　アルティストゥ
　　 enfant「子ども」、élève「生徒」、journaliste「ジャーナリスト」、artiste「芸術家」
　　 のように男・女同形の名詞もあります。

32

次に自然の性に関係なく男性名詞・女性名詞に区別されている名詞に移りましょう。なじみのありそうな食べ物や飲み物の名詞です。

[食べ物] 026

男性名詞	女性名詞
ガトー gâteau ケーキ	タルトゥ tarte タルト
マカロン macaron マカロン	ムース mousse ムース
ソルベ sorbet シャーベット	グラス glace アイスクリーム
クロワサン croissant クロワッサン	バゲットゥ baguette フランスパン
フロマージュ fromage チーズ	コンフィテュール confiture ジャム
ジャンボン jambon ハム	ソスィス saucisse ソーセージ

[飲み物] 027

男性名詞	女性名詞
カフェ café コーヒー	オ eau 水
ヴァン vin ワイン	ビエール bière ビール

男性名詞	女性名詞
ジュ ドランジュ jus d'orange　オレンジジュース	リモナードゥ limonade　レモンソーダ
スィードル cidre　シードル	リクール liqueur　リキュール

　名詞の複数形の作り方は、原則として名詞の語尾に s をつけます。ただし、その s は発音しません。
　注１：語尾が s、x、z の名詞は単・複同形です。
　注２：名詞の語尾のつづりによって x などで複数を表す場合もあります。

 028

単数	複数
マカロン macaron　マカロン 男・単	マカロン macarons　マカロン 男・複
バゲットゥ baguette　フランスパン 女・単	バゲットゥ baguettes　フランスパン 女・複

常に複数形で扱われる名詞もあります。

029

男性名詞	女性名詞
パラン parents　両親	ショスュール chaussures　靴
グラン　パラン grands-parents　祖父母	リュネットゥ lunettes　メガネ

　名詞に性別があるなんて。単語の読み方や意味だけではなく、性別までも把握しないといけないわけですが、ここはあまり固くならずにいきましょう。次の冠詞と一緒に発音しながら勉強すると、音のイメージの助けを借りてらくらく覚えることができます。

34

2 冠詞

冠詞とは名詞の前に置いてさまざまな情報を表すものです。英語の a や the などにあたります。後ろの名詞の性・数に応じて使い分けます。

🔊 030

	男性単数名詞の前	女性単数名詞の前	複数名詞の前
不定冠詞	アン un	ユヌ une	デ des
部分冠詞	デュ du (de l')	ドゥ ラ de la (de l')	
定冠詞	ル le (l')	ラ la (l')	レ les

注：( ) 内はエリズィヨンの場合。

[不定冠詞] 🔊 031

特定されていない名詞の前に置いて「ひとつの」あるいは「いくつかの」という意味を表します。

アン　　マカロン
un macaron ひとつのマカロン

デ　　マカロン
des macarons いくつかのマカロン

ユヌ　　バゲットゥ
une baguette 1本のフランスパン

デ　　バゲットゥ
des baguettes 何本かのフランスパン

35

[部分冠詞] 🎧 032

　特定されていない名詞で数えられないもの（食べ物・飲み物や抽象名詞など）の前に置いて、「いくらかの」という意味を表します。フランス語独特の冠詞です。

デュ　カフェ
du café　いくらかの量のコーヒー

ドゥ　ラ　ビエール
de la bière　いくらかの量のビール

ドゥ　ロ
de l'eau　いくらかの量の水

注：上の3つのケースは、すべてその液体自体を対象としています。

[定冠詞] 🎧 033

　特定された名詞あるいはその対象を総称する名詞の前に置きます。

ル　マカロン
le macaron　そのマカロン

レ　マカロン
les macarons　それらのマカロン

ラ　バゲットゥ
la baguette　そのフランスパン

レ　バゲットゥ
les baguettes　それらのフランスパン

注：特定された名詞であることを表すために「その」「それら」としました。

少し堅苦しい冠詞の話が続きましたが、今度はいよいよ冠詞と一緒に単語を勉強しましょう。不定冠詞の un、une、des を前に置いて発音してみましょう。音が効果的に手助けしてくれます。ファッションや小物の名詞を集めました。

[ファッション] 034

男性名詞	女性名詞
アン　マントー un manteau　1着のコート	ユヌ　ロブ une robe　1着のワンピース
アン　ブルゾン un blouson　1着のブルゾン	ユヌ　ヴェストゥ une veste　1着のジャケット
アン　ジレ un gilet　1着のベスト	ユヌ　クラヴァットゥ une cravate　1本のネクタイ
アン　パンタロン un pantalon　1本のズボン	ユヌ　ジュップ une jupe　1枚のスカート
アン　ブラスレ un bracelet　1つのブレスレット	ユヌ　モントル une montre　1つの腕時計
アン　コリエ un collier　1つのネックレス	ユヌ　バーグ une bague　1つの指輪
アン　サック un sac　1つのバッグ	ユヌ　ポシェットゥ une pochette　1つのポシェット
アン　パラプリュィ un parapluie　1本の傘	ユヌ　サンテュール une ceinture　1本のベルト
アンナンペルメアーブル un imperméable 1着のレインコート 注：リエゾンで読みます。	ユネシャルプ une écharpe 1本のマフラー 注：アンシェヌマンで読みます。
デ　ガン des gants　手袋	デ　ショセットゥ des chaussettes　靴下

注：靴、手袋、靴下、ブーツなど左右で対になるものは複数扱いになります。

37

3 指示形容詞

名詞の前に置いて「この」「あの」「その」というように指し示すときに使います。後ろの名詞の性・数によって使い分けます。

🔊 035

男性単数の前	女性単数の前	複数の前
ス　セットゥ ce (cet)	セットゥ cette	セ ces

注：（　）内は母音あるいは無音の h で始まる男性単数名詞の前に置く場合です。

ス　　　マントー
ce manteau　このコート

セッタンペルメアーブル
cet imperméable　このレインコート

注：アンシェヌマンで読みます。

セ　サック
ces sacs　これらのバッグ

セットゥ　ロブ
cette robe　このワンピース

セ　　バーグ
ces bagues　これらの指輪

では、指示形容詞とともに単語を勉強しましょう。オフィスや文房具の名詞です。

[オフィス] 🔊 036

男性名詞	女性名詞
ス　　クレヨン **ce crayon**　この鉛筆	セットゥ　　ゴム **cette gomme**　この消しゴム
ス　スティロ **ce stylo**　このペン	セットゥ　レーグル **cette règle**　この定規
ス　スティロ ア ビーユ **ce stylo à bille** このボールペン	セッテティケットゥ **cette étiquette** このラベル 注：アンシェヌマンで読みます。
セッタジャンダ **cet agenda**　この手帳 注：母音で始まる名詞なので cet を前に置いてアンシェヌマンで読みます。	セッタグラフーズ **cette agrafeuse** このホチキス 注：アンシェヌマンで読みます。
セットルディナトゥール **cet ordinateur** このコンピュータ 注：母音で始まる名詞なので cet を前に置いてアンシェヌマンで読みます。	セットゥ　カルキュラトリス **cette calculatrice** この電卓
セ　スィゾー **ces ciseaux**　このはさみ 注：はさみは、複数扱いです。	

4 所有形容詞

名詞の前に置いて「私の」「あなたの」などのように名詞の所有者を示します。ただし「所有する人」ではなく「所有される名詞」の性・数に合せて使い分けます。

🔊 037

	男性単数名詞の前	女性単数名詞の前	複数名詞の前
私の	モン mon	マ ma (mon)	メ mes
君の	トン ton	タ ta (ton)	テ tes
彼の／彼女の	ソン son	サ sa (son)	セ ses
私たちの		ノートル notre	ノ nos
あなた（たち）の		ヴォートル votre	ヴォ vos
彼らの／彼女たちの		ルール leur	ルール leurs

注：（　）内は母音あるいは無音のhで始まる女性単数名詞の前に置く場合です。

モン　　クレヨン
mon crayon 私の鉛筆

マ　　ゴム
ma gomme 私の消しゴム

モンナジャンダ
mon agenda 私の手帳

モンナグラフーズ
mon agrafeuse 私のホチキス

注：リエゾンで読みます。

注：母音で始まる女性名詞なのでmonを前に置いてリエゾンで読みます。

メ　　スィゾー
mes ciseaux 私のはさみ

ヴォトル　　オディナトゥール
votre ordinateur あなたのコンピュータ

ヴォトル　　カルキュラトリス
votre calculatrice あなたの電卓

ヴォ　スティロ
vos stylos あなたのペン

　所有形容詞の mon と ma「私の」とともに単語を勉強しましょう。乗り物など日常的な名詞です。
　　　　　　　モン　マ

[日々の暮らし] 038

男性名詞	女性名詞
モン　　ヴェロ **mon vélo** 私の自転車	マ　モト **ma moto** 私のオートバイ
モン　　トラン **mon train** 私の電車	マ　ヴォワテュール **ma voiture** 私の自動車
モナヴィヨン **mon avion** 私の飛行機 注：リエゾンで読みます。	マ　プラス **ma place** 私の席
モン　　パスポール **mon passeport** 私のパスポート	マ　ヴァリーズ **ma valise** 私のスーツケース
モン　　デパール **mon départ** 私の出発	モナリヴェ **mon arrivée** 私の到着 注：母音で始まる女性名詞なので mon 　を前に置いてリエゾンで読みます。　モン

41

男性名詞	女性名詞
モンノテル **mon hôtel** 私のホテル 注：リエゾンで読みます。	マ　　シャンブル **ma chambre** 私の部屋
モン　リ **mon lit** 私のベッド	マ　クレ **ma clé** 私の鍵
モンナパルトゥマン **mon appartement** 私のアパルトマン 注：リエゾンで読みます。	マ　　メゾン **ma maison** 私の家（一軒家）
モン　ジャルダン **mon jardin** 私の庭	マ　キュイズィーヌ **ma cuisine** 私のキッチン

　そろそろ冠詞や指示形容詞そして所有形容詞の使い方に慣れてきましたか。ここで、いったん名詞の前に置く冠詞や指示形容詞そして所有形容詞から離れて、その他のよく使われる単語をテーマ別に紹介しましょう。どれも知っておくと便利なものばかりです。

5 数字

[数字 1～30] 039

アン ユヌ un / une 1	ドゥー deux 2	トロワ trois 3
カトル quatre 4	サンク cinq 5	スィス six 6
セットゥ sept 7	ユイットゥ huit 8	ヌフ neuf 9
ディス dix 10	オンズ onze 11	ドゥーズ douze 12
トレーズ treize 13	カトールズ quatorze 14	カーンズ quinze 15
セーズ seize 16	ディ セットゥ dix-sept 17	ディズユイットゥ dix-huit 18
ディズ ヌフ dix-neuf 19	ヴァン vingt 20	ヴァンテ アン vingt et un 21
ヴァントゥ ドゥ vingt-deux 22	ヴァントゥ トロワ vingt-trois 23	ヴァントゥ カトル vingt-quatre 24
ヴァントゥ サンク vingt-cinq 25	ヴァントゥ スィス vingt-six 26	ヴァントゥ セットゥ vingt-sept 27
ヴァンテュイットゥ vingt-huit 28	ヴァントゥ ヌフ vingt-neuf 29	トラントゥ trente 30

注：1は、次にくる名詞の性によって un と une を使い分けます。

数字はリエゾンなどの音の流れを作るルールのために、後ろに名詞がくる場合とこない場合で読み方が異なります。ヨーロッパの通貨の単位のユーロとともに読んでみましょう。

🎧 040

1 ユーロ	2 ユーロ	3 ユーロ	4 ユーロ
アンヌーロ	ドゥズーロ	トロワズーロ	カトルーロ
un euro	deux euros	trois euros	quatre euros
5 ユーロ	6 ユーロ	7 ユーロ	8 ユーロ
サンクーロ	スィズーロ	セットゥーロ	ユィットゥーロ
cinq euros	six euros	sept euros	huit euros
9 ユーロ	10 ユーロ		
ヌフーロ	ディズーロ		
neuf euros	dix euros		

1 ユーロコイン 　　2 ユーロコイン 　　5 ユーロ札

10 ユーロ札 　　20 ユーロ札

セ　　コンビヤン
C'est combien ? それはいくらですか？

セ　　ディズーロ
C'est dix euros. 10 ユーロです。

44

6 月・曜日・季節

[月] 041

1月 ジャンヴィエ janvier	2月 フェヴリエ février	3月 マルス mars
4月 アヴリル avril	5月 メ mai	6月 ジュアン juin
7月 ジュイエ juillet	8月 ウットゥ / ウ août	9月 セプタンブル septembre
10月 オクトーブル octobre	11月 ノーヴァンブル novembre	12月 デサンブル décembre

ル　コンビヤン　　　ソム　　　ヌ
Le combien sommes-nous ? 何日ですか？

ヌ　　ソム　　ル　ヴァントゥ　ドゥー　ジュイエ
Nous sommes le vingt-deux juillet.
7月22日です。

[日付：le ＋日＋月]

ル　　カトールズ　　フェヴリエ
le quatorze février　2月14日

[毎月1日のみ ⇒ le premier ＋月]
　　　　　　　　　　ル　プルミエ

ル　プルミエ　ジャンヴィエ
le premier janvier　1月1日

45

[曜日] 🎧 042

月曜日	火曜日	水曜日	木曜日
ランディ	マルディ	メルクルディ	ジュディ
lundi	mardi	mercredi	jeudi
金曜日	土曜日	日曜日	
ヴァンドゥルディ	サムディ	ディマンシュ	
vendredi	samedi	dimanche	

注：le＋曜日は、「毎週〜曜日」です。　ル マルディ　le mardi「毎週火曜日に」

ケル　ジュール　ソム　ヌ
Quel jour sommes-nous ? 何曜日ですか？

ヌ　ソム　ランディ
Nous sommes lundi. 月曜日です。

ジュ スュイ ア ラ　メゾン　ル　ディマンシュ
Je suis à la maison le dimanche.
　　　　　　　　　　　私は毎週日曜日に家にいます。

[季節] 🎧 043

春	夏
プランタン	エテ
printemps	été
秋	冬
オトヌ	イベール
automne	hiver

Quelle saison aimez-vous ? どの季節が好きですか？
ケル　セゾン　エメ　ヴ

J'aime beaucoup l'été. 夏が大好きです。
ジェム　ボク　レテ

au printemps 春に　　en été 夏に
オ　プランタン　　　　　アンネテ

en automne 秋に　　en hiver 冬に
アンノトヌ　　　　　　アンニヴェール

[序数詞]（原則：基数＋ième） 🔊 044
　　　　　　　　　　イエム

1er premier 1番目　　1ère première
　　プルミエ　　　　　　　プルミエール
　　[男性形]　　　　　　　[女性形]

2e deuxième 2番目
　　ドゥズィエム

3e troisième 3番目
　　トロワズィエム

Nous sommes le premier mai. 5月1日です。
ヌ　ソム　ル　プルミエ　メ

Elle habite dans le deuxième arrondissement.
エラビットゥ　ダン　ル　ドゥズィエム　アロンディスマン
彼女は2区に住んでいます。

7 形容詞

　さぁ、次は形容詞です。名詞を修飾して、その名詞の状態や性質などを説明する役割をするのが形容詞です。フランス語の形容詞は、関係する名詞の性・数に一致させなければなりません。少し面倒な作業に思えますが、慣れてくるとパズルをやっているようにけっこう楽しくなりますよ。このように整合性を追求する気持ちが、理詰めのフランス語の真の理解につながります。だんだんと一致させる作業に達成感を感じられるようになるはずです。

　すでに、発音とつづりの関係、男性名詞・女性名詞の区別、そしてその区別に従って冠詞や指示形容詞などを使い分けることを勉強しました。さらに形容詞の使い方がわかると、かなりステップアップしたことを体感できます。でも、無理にすべてを覚える必要はありません。今は、おおまかなイメージだけをつかむようにしましょう。

　フランス語の形容詞は、関係している名詞の性・数に合せて男性形、女性形、複数形にしなければなりません。最初はやっかいですね。でも、そのうちきちんと合せないと落ち着かなくなりますよ。まず、性・数一致の法則から始めます。

[形容詞の女性形の作り方] 045

　形容詞の原形＝男性形と考えましょう。辞書で調べるときには男性形で引きます。そして、女性形の作り方の原則は、男性形の語尾に e をつけます。男性形の語尾が e のものは男・女同形です。その他の例外もありますが、それは別の機会に勉強しましょう。

　　　　男性形　　　＋　 e 　⇒　 女性形

　　　　　　　ノワール　　　　　　　　　　ノワール
　　黒い　 noir 　＋　 e 　⇒　 noire
　　　　　　　[男・単]　　　　　　　　　　[女・単]

48

[形容詞の複数形の作り方] 🔴 046

　複数形の作り方の原則は、単数形の語尾に s をつけます。この s は発音しません。単数形の語尾が s あるいは x のものは単・複同形です。複数形の作り方にも例外がありますが、それは別の機会に勉強しましょう。また、男・女混ざっている場合は、男性複数になります。

| 単数形 | + | s | ⇒ | 複数形 |

黒い　noir（ノワール）＋ s ⇒ noirs（ノワール）
　　　[男・単]　　　　　　　[男・複]

女性形と複数形の作り方を表にまとめてみましょう。

	男性形	女性形
単数形	noir（ノワール）	noire（ノワール）
複数形	noirs（ノワール）	noires（ノワール）

49

さて、次に形容詞の2つの用法に移ります。

[動詞 être（エートル）とともに使う用法]（属詞的用法） 047

être（エートル）は、英語の be と同じように主語と次にくる語（句）をイコールで結ぶ動詞です。その être（エートル）の後ろに形容詞を置いて、主語の状態や性質などを表す用法です。フランス語では、形容詞は意味においても性・数一致に関しても主語＝形容詞となるように、主語の性・数に一致させます。

主語	être（エートル）	形容詞
[男・単]	=	[男・単]

Ce gilet（ス ジレ） est（エ） noir.（ノワール）
[男・単] = [男・単]

このベストは黒いです。

注：est は être（エ エートル）の活用形です。

主語	être（エートル）	形容詞
[女・単]	=	[女・単]

Cette robe（セットゥ ロブ） est（エ） noire.（ノワール）
[女・単] = [女・単]

このワンピースは黒いです。

50

[名詞とともに使う用法] 🎧 048

　名詞グループとして名詞とともに使う用法です。名詞の状態や性質などを表します。その名詞の性・数に一致させます。この用法の場合は原則として形容詞は名詞の後ろに置きます。しかし、日常よく使われるいくつかの短い形容詞は、名詞の前に置きます。（一覧表参照）

アン　ジレ　ノワール　　　　　ユヌ　ロブ　ノワール
un gilet noir　/　**une robe noire**
［名詞］［形容詞］　　　　　　［名詞］［形容詞］
［男・単］［男・単］　　　　　［女・単］［女・単］
　黒いベスト　　　　　　　　　黒いワンピース

アン　ジョリ　ジレ　　　　　　ユヌ　ジョリ　ロブ
un joli gilet　/　**une jolie robe**
［形容詞］［名詞］　　　　　　［形容詞］［名詞］
［男・単］［男・単］　　　　　［女・単］［女・単］
　かわいいベスト　　　　　　　かわいいワンピース

[名詞の前に置く形容詞] 🎧 049

よい ボン **bon**	悪い モヴェ **mauvais**	小さい プティ **petit**
大きい グラン **grand**	若い ジュヌ **jeune**	きれいな ジョリ **joli**
美しい ボー **beau**	年取った ヴィユ **vieux**	新しい ヌーヴォー **nouveau**

など

51

形容詞のしくみはもう大丈夫ですね。では、ここで買い物のときなどに役立つ色の形容詞や感想をのべるときに使える形容詞を紹介しましょう。

[男性名詞＋色の形容詞]	女性名詞＋色の形容詞] 🔴 050
アン　ジレ　ノワール un gilet *noir* 黒いベスト	ユヌ　ロブ　ノワール une robe *noire* 黒いワンピース
アン　マントー　ブラン un manteau *blanc* 白いコート	ユヌ　ヴェストゥ　ブランシュ une veste *blanche* 白いジャケット
アン　ブルゾン　ヴェール un blouson *vert* 緑のブルゾン	ユヌ　クラヴァットゥ　ヴェール une cravate *verte* 緑のネクタイ
アン　シュミズィエ　ブルー un chemisier *bleu* 青いブラウス	ユヌ　シュミーズ　ブルー une chemise *bleue* 青いワイシャツ
アン　サック　ルージュ un sac *rouge* 赤いバッグ	ユネシャルプ　ルージュ une écharpe *rouge* 赤いマフラー
デ　ガン　グリ des gants *gris* グレーの手袋	デ　ショスュール　クリーズ des chaussures *grises* グレーの靴

[C'est ＋感想の形容詞] （男性単数形） 🎧 051

セ　グラン **C'est grand.** 大きいです。	セ　プティ **C'est petit.** 小さいです。
セ　シェール **C'est cher.** 値段が高いです。	セ　ボン **C'est bon.** おいしいです。
セ　ボー **C'est beau.** 美しいです。	セ　ジョリ **C'est joli.** かわいいです。
セ　スュペール **C'est super.** すごいです。	セ　ディフィスィル **C'est difficile.** 難しいです。
セ　ビヤン **C'est bien.** いいですね。	セ　クール **C'est cool.** かっこいいです。
セ　サンパ **C'est sympa.** 感じがいいです。	セタグレアーブル **C'est agréable.** 快適です。

注：サンパ sympa は サンパティック sympathique の略語です。

8 代名詞

「超基本単語」の最後は代名詞です。ここでは、主語人称代名詞と人称代名詞強勢形と指示代名詞の3つを紹介します。

[主語人称代名詞]

主語とは、文中の行為や状態の主体のことを表します。フランス語では、動詞の形が主語によって決まります。ですから、とても大切な要素なのです。動詞の活用は常に主語人称代名詞とともに覚えましょう。

🎧 052

私は	君は	彼は、それは	彼女は、それは
ジュ	テュ	イル	エル
je(j')	tu	il	elle
私たちは	あなた(たち)は	彼らは、それらは	彼女たちは、それらは
ヌ	ヴ	イル	エル
nous	vous	ils	elles

いくつか注意点があります。
・je は、後ろに母音あるいは無音の h で始まる語が続くときには j' とエリズィヨンします。
・tu は、一人の聞き手(相手)が親しい間柄の場合に用い、vous は丁寧な言い方になります。
・il、elle、ils、elles は、ものを表す名詞も受けます。男性名詞と女性名詞が混ざっている場合は男性複数とみなして ils となります。

ジュ スュイ ソムリエ
Je suis sommelier. 私はソムリエです。
　主語　動詞　　職業

　　　　　　　　　　　スュイ　　　エートル
　　　　　　　　　注：suis の原形は être です。

54

Vous aimez la France ?　あなたはフランスが好きですか？
[主語]　[動詞]　　　[国名]

注：aimez の原形は aimer 「好きです」です。

[人称代名詞強勢形]　　053

　強勢形は、次のような条件のときに使われます。主語の強調の場合、c'est ～ / ce sont ～のあとの場合、前置詞のあとの場合、命令文の動詞のあとの場合などです。

moi 私	nous 私たち
toi 君	vous あなた（たち）
lui 彼	eux 彼ら
elle 彼女	elles 彼女たち

Qui est-ce ?　誰ですか？　—C'est moi(je).　私です。
[疑問詞][動詞][主語]　　　　　　　[ce + est][強勢形]

Jean est avec toi(tu) ?　ジャンは君と一緒にいるの？
[主語][動詞][前置詞][強勢形]

注：est の原形は être です。

55

[指示代名詞] 🔊 054

一番よく使われる指示代名詞 2 つです。いずれも「これ」「それ」という意味です。

| ce(c') ス | ça サ |

ce(c') ス は、動詞 être エートル (est / sont) とともに用いて提示表現の主語となります。

C'est le musée d'Orsay. これはオルセー美術館です。
セ ル ミュゼ ドルセー
[ce+est] [名詞＝属詞]

ça サ は主語としても目的語としても使われます。また前置詞とともに用いることもできます。注：文の構成要素については p.75 を参照してください。

Ça va ? 元気ですか？
サ ヴァ
[主語] [動詞]

C'est ça. その通りです。
セ サ
[主語] [動詞] [属詞]

J'aime ça. 私はそれが好きです。
ジェム サ
[主語] [動詞] [目的語]

Et avec ça ? ほかには？
エ アヴェック サ
[接続詞] [前置詞] [指示代名詞]

次は「超基本表現」です。ちょっと息抜きしながら覚えられる楽しい一言フレーズを集めました。すぐに使いたくなるものばかりです。

超 基本表現

カンタンに覚えられる短い表現を集めました。フランス旅行ですぐに使えるものばかりです！

出会いのとき

055

Bonjour.
ボンジュール

こんにちは。／おはよう。

朝から日が暮れるまでの間に使う表現。後ろに男性に対して monsieur（ムスィユー）、既婚女性に madame（マダム）、未婚女性に mademoiselle（マドゥモワゼル）をつけると丁寧な言い方になります。

Bonsoir.
ボンソワール

こんばんは。

日が暮れてから使う表現。別れるときにも使います。

Salut.
サリュ

やあ。

友だち同士で使う表現。別れるときにも使います。

Comment allez-vous ?
コマンタレ ヴ

お元気ですか？

相手の調子をたずねる丁寧な言い方。

Je vais très bien. Merci. Et vous ?
ジュ ヴェ トレ ビヤン　メルスィ　エ ヴ

とても元気です。ありがとう。あなたは？

調子をたずねられたときの丁寧な答え方です。お礼も言って必ず相手の調子もたずねましょう。

Comment ça va ?
コマン サ ヴァ

元気ですか？

相手の調子をたずねる言い方で親しい間柄同士で使います。ça「これ」を主語として使っています。ça（サ）「これ」は本当に便利なことば（指示代名詞）です。注：指示代名詞の解説は p.56 です。

58

サ　ヴァ　ビヤン　　　メルスィ　　　エ　トワ
Ça va bien. Merci. Et toi ?

元気です。ありがとう。君は？

調子をたずねられたときの答え方です。お礼も言って必ず相手の調子もたずねましょう。

自己紹介　　　　　　　　　　　　　　　　　　　056

ジュ　　マペル　　　　　　　　　レナ　　　ディオール
Je m'appelle Léna Dior.

私の名前はレナ・ディオールです。

自分の名前を名乗るときには je m'appelle ～を使います。この他に je suis ～ や moi, c'est ～のような表現もありますが、je m'appelle ～と言うほうが自然です。

アンシャンテ
Enchanté(e).　　はじめまして。

初対面の相手が名乗ったときに使います。女性が言う場合には語尾に e をつけますが、発音は同じです。

別れのとき①　　　　　　　　　　　　　　　　057

オ　　ルヴォワール
Au revoir.　　さようなら。

時間帯を問わず別れるときに使う表現。後ろに男性に対して monsieur、既婚女性に madame、未婚女性に mademoiselle をつけると丁寧な言い方になります。

59

Bonsoir.
ボンソワール

さようなら。

日が暮れてから使う表現。

Salut.
サリュ

じゃあね。

友だち同士で使う表現。

À bientôt.
ア　ビヤント

では、またね。

近いうちに会う可能性がある場合に、Au revoir.「さようなら。」のあとに続けてよく使います。
オ ルヴォワール

À demain.
ア　ドゥマン

明日ね。

Au revoir.「さようなら。」のあとに続けて使います。
オ ルヴォワール

À tout à l'heure.
ア　トゥタ　ルール

またすぐあとで。

すぐあとでまた会う場合。

別れのとき② ［bon +名詞］を使う言い方　058

Bonne nuit.
ボンヌ　ニュイ

おやすみなさい。

夜になってまもなく寝る時間になるときの表現。

Bonne journée.
ボンヌ　ジュルネ

よい（楽しい）一日を。

明るいうちに別れるときに使います。

60

Bonne soirée.
ボンヌ ソワレ

よい（楽しい）夜を。

夜、別れるときに使います。

Bon week-end.
ボン ウィケンドゥ

よい（楽しい）週末を。

週末、別れるときに使います。

Bonnes vacances.
ボンヌ ヴァカンス

よい（楽しい）休暇を。

休暇に入る前の人に対して使います。

Bon voyage.
ボン ヴォワヤージュ

よい（楽しい）旅を。

旅立つ人に対して使います。

受け答え　　　　　　　　　　　　　　059

Oui.
ウィ

はい。

肯定の答え。

Non.
ノン

いいえ。

否定の答え。

D'accord.
ダコール

わかりました。

賛同や承諾を表すときに使います。

61

Bien sûr.
ビヤン　スュール

もちろんです。

肯定を強めるときに使います。

お礼　🔊060

Merci beaucoup.
メルスィ　ボク

どうもありがとう。

beaucoup は強調のために用いるので、Merci. だけでも大丈夫です。

Je vous en prie.
ジュ　ヴザン　プリ

どういたしまして。

お礼を言われたときの丁寧な答え方です。

De rien.
ドゥ　リヤン

どういたしまして。

上の Je vous en prie. よりもくだけた答え方です。

お詫び　🔊061

Pardon.
パルドン

すみません。

身体が触れたときなど軽く謝る場合に使います。また後ろに monsieur、madame、mademoiselle の敬称をつけて呼びかけるときにも用います。さらに語尾を上げて Pardon ? と言えば「もう一度言ってください。」の意味になり、相手が言ったことを聞き返すこともできます。

Excusez-moi.
エクスキュゼ　モワ

ごめんなさい。

謝るときの一般的な言い方です。

Je suis désolé(e). ごめんなさい。
（ジュ スュイ デゾレ）

申し訳ないという気持ちを込めて人に謝るときに使います。女性が言う場合は désolée と語尾に e をつけます。発音は同じです。また Désolé(e). のみでも使うことができます。少しくだけた感じになりますね。

Ce n'est pas grave. たいしたことはありません。
（ス ネ パ グラーヴ）

謝罪されたときに「大丈夫です」というニュアンスを持つ答え方です。

Ce n'est rien. 何でもありません。
（ス ネ リヤン）

謝罪されたときに「些細なこと」というニュアンスを持つ答え方です。

Je vous en prie. いいんですよ。
（ジュ ヴザン プリ）

謝罪されたときの返答に使うこともできます。

De rien. 何でもないよ。
（ドゥ リヤン）

謝罪されたときの返答に使うこともできます。

食卓で

Bon appétit. おいしく召し上がれ。
（ボナペティ）

これから食事をする人に対して使います。日本語の「いただきます。」に相当する表現はありません。[bon ＋名詞]

C'est bon.　　おいしい。
_{セ　　ボン}

一口食べて、あるいは食事中に言います。

C'était très bon.　　とてもおいしかったです。
_{セテ　　トレ　　ボン}

食べ終わったあとで言います。

À votre santé !　　乾杯！
_{ア　ヴォトール　サンテ}

「あなたの健康のために」という意味で、乾杯するときに使います。

お願い　　　　　　　　　　　　　　　　063

Monsieur, s'il vous plaît.　　ちょっとすみません。
_{ムスィユー　スィル　ヴ　プレ}

頼みごとがあって、人を呼ぶときの言い方です。相手が女性の場合は、monsieur の代わりに madame、mademoiselle を用います。レストランやカフェでの会話で有効ですね。

Un café, s'il vous plaît.　　コーヒー1杯お願いします。
_{アン　カフェ　スィル　ヴ　プレ}

欲しいものや行きたい場所のあとに s'il vous plaît をつけます。注文のときや道をきくときに使います。

L'addition, s'il vous plaît.　　お会計、お願いします。
_{ラディシィヨン　スィル　ヴ　プレ}

会話をつなぐ表現　あいづち

🔊 064

Ah bon ?
アボン

あっそう？

軽い驚きをともなったあいづちの表現です。

C'est ça.
セサ

そのとおりです。

相手の言ったことを肯定するときに使います。

C'est vrai.
セ ヴレ

本当にそうです。

相手の言ったことに賛成するときに使います。文末に [?] をつけて疑問文で言えば、「本当ですか？」と真偽を確認できます。また、Ce n'est pas vrai ! と
　　　　　　　　　　　　　　　　　　　　　　　　　　スネパヴレ
否定文にすれば「そんなこと信じられない。」と驚きの表現になります。

会話をつなぐ表現　誘いに対する応答

🔊 065

Vous voulez un autre café ?
ヴ　　ヴレ　　アンノートル　　カフェ

コーヒーをもう1杯いかがですか？

⬇

Oui, je veux bien.
ウィ　ジュ　ヴ　ビヤン

はい、ほしいです。

Non, merci.
ノン　メルスィ

いいえ、けっこうです。

相手の申し出を断るときの言い方です。

65

On va visiter la tour Eiffel ?

エッフェル塔に行きましょうか？

Oui, d'accord.　はい、賛成です。

Avec plaisir. / Volontiers.　喜んで。

相手の言ったことに積極的な同意を示す決まり文句です。

C'est une bonne idée.　それはいい考えですね。

相手の言ったことに賛同を示すときに使います。

Désolé(e). Je n'ai pas le temps.

ごめんなさい。時間がないです。

相手の誘いを断るときは、カンタンに理由も付け加えましょう。

祝福

Félicitations !　おめでとう！

結婚、出産、成功など多くの場面で使う祝福のことばです。

Bravo !　やった！

賞賛の気持ちを表す祝福のことばです。

Bon anniversaire !
ボンナニヴェルセール

お誕生日おめでとう！

「よい誕生日を」という意味です。[bon ＋名詞]

Bonne année !
ボンナネ

あけましておめでとう！

「よい年を」という意味です。[bon ＋名詞]

激励

Bon courage !
ボン クラージュ

頑張ってください！

これから仕事に取りかかる人などに対して使います。[bon ＋名詞]

Bonne chance !
ボンヌ シャンス

幸運を祈ります！

これから試験を受ける人などに対して使います。[bon ＋名詞]

Ça ira.
サ イラ

うまくいくよ。

ça va「大丈夫」の未来形です。
サ ヴァ

提示表現

C'est un musée.
セタン ミュゼ

これは美術館です。

c'est ＋単数名詞で「これは～です」というように人やもの（単数）を提示する表現です。
セ

67

Ce sont des musées.   これらは美術館です。
ス　ソン　デ　ミュゼ

　　ce sont＋複数名詞で「これらは〜です」というように人やもの（複数）を提示する表現です。
スソン

Voici le musée du Louvre.
ヴォワスィ　ル　ミュゼ　デュ　ルーヴル

　　　　　　　　　　　　ここにルーヴル美術館があります。

　　voici＋名詞で「ここに〜があります／これが〜です」という意味になります。後ろの名詞は単数でも複数でも OK です。
ヴォワスィ

Voilà le musée d'Orsay.
ヴォワラ　ル　ミュゼ　ドルセー

　　　　　　　　　　　　あそこにオルセー美術館があります。

　　voilà＋名詞で「あそこに〜があります／あれが〜です」という意味になります。後ろの名詞は単数でも複数でも OK です。
ヴォワラ

Il y a une station de métro près d'ici ?
イリヤ　ユヌ　スタスィヨン　ドゥ　メトロ　プレ　ディスィ

　　　　　　　　　　　　　　この近くに地下鉄の駅はありますか？

　　Il y a＋名詞で「〜があります／います」という意味になります。後ろの名詞は単数でも複数でも OK です。場所を明示するときは、前置詞（句）が必要になります。
イリヤ

天候　　　　　　　　　　　　　　　　　　069

Quel temps fait-il ?   どんな天気ですか？
ケル　タン　フェティル

　　天候をたずねる決まり文句です。

68

Il fait beau.
イル　フェ　ボー

よい天気です。

おもに il fait ＋天候を表す形容詞で表現します。

Il fait mauvais.
イル　フェ　モヴェ

天気が悪いです。

Il fait nuageux.
イル　フェ　ニュアジュー

曇っています。

Il fait chaud.
イル　フェ　ショ

暑いです。

Il fait froid.
イル　フェ　フロワ

寒いです。

Il pleut.
イル　プル

雨が降っています。

pleuvoir「雨が降る」という意味の天候の動詞を使います。
プルヴォワール

Il neige.
イル　ネージュ

雪が降っています。

neiger「雪が降る」という意味の天候の動詞を使います。
ネジェェ

注：天候の表現は、具体的な意味をもたない il を形式上の主語として用いる非人称構文となります。

時刻　　　　　　　　　　070

Quelle heure est-il ?
ケルーレティル

何時ですか？

時刻をたずねる決まり文句です。

69

イレ　　　ユヌール
Il est une heure. 　　　1 時です。

　　イレ　　　　　ウール　　　　　　　　　　　　　　　　　　ウール
　　il est ＋数字＋ heure(s) で時刻を表します。1 時以外は heures は複数形になります。

イレ　　　ドゥズール
Il est deux heures. 　　　2 時です。

　　注：時刻の表現は、具体的な意味をもたない il を形式上の主語として用いる非人称構文となります。

いつ、どこで、どんな風に　　　　　　　　　　　　🔊 071

カン　　サ
Quand ça ?　　　　　それはいつ？

　　　　　　　　　カン　　　　　　　　　　　　　　サ
　　疑問副詞の quand「いつ」を使います。ça「これ」と組合わせる一番カンタンなたずね方です。ça「これ」は本当に便利なことば（指示代名詞）です。
　　注：指示代名詞の解説は p.56 です。

ウ　　サ
Où ça ?　　　　　それはどこ？

　　　　　　　　　ウ
　　疑問副詞の où「どこに」を使います。ça「これ」と組合わせる一番カンタンなたずね方です。注：指示代名詞の解説は p.56 です。

コマン　　　サ
Comment ça ?　　　　　それはどんな風に？

　　　　　　　　　　　　コマン
　　疑問副詞の comment「どんな風に」を使います。出会いのときの表現の「お
　　　　　　　　　　　　　　　　コマンタレ　　ヴ
元気ですか？」の Comment allez-vous ? ですでに出てきましたね。ça「これ」と組合わせる一番カンタンなたずね方です。注：指示代名詞の解説は p.56 です。

70

Pourquoi ?
プルクワ

なぜ？

疑問副詞の pourquoi「なぜ」を使います。一番カンタンなたずね方です。

C'est combien ?
セ　コンビヤン

それはいくら？

疑問副詞の combien「いくら」を使います。買い物の会話では欠かせない決まり文句です。

Vous êtes combien ?
ヴゼットゥ　コンビヤン

あなたがたは何人ですか？

疑問副詞の combien「いくつ」を使います。レストランに入るときなどによくきかれます。

何　　　　　　　　　　　　　　　　072

Qu'est-ce que c'est ?
ケ　ス　ク　セ

これは何ですか？

「何」は疑問代名詞の qu'est-ce que 〜で表します。提示表現の c'est 〜「これは〜です」と組合わせて「これは何ですか？」という意味になります。とても便利な言い回しなので、まるごと音で覚えてしまいましょう。知りたいものが複数であっても Qu'est-ce que c'est ? を使います。提示表現の c'est 〜や ce sont 〜で答えましょう。

⬇

C'est la tour Eiffel.
セ　ラ　トゥーレッフェル

エッフェル塔です。

71

Qu'est-ce que vous avez comme dessert ?
（ケ　ス　ク　ヴザヴェ　コム　デセール）

デザートは何がありますか？

「何」を表す疑問代名詞の qu'est-ce que（ケスク）～を使います。少し難しいですが、vous avez（ヴザヴェ）「あなたは～持つ」と組合わせて疑問文になっています。カフェやレストランで言ってみたい一言ですね。

⬇

Nous avons de la glace.
（ヌザヴォン　ドゥ ラ　グラス）

アイスクリームがあります。

買い物　　♪073

Je peux regarder ?
（ジュ プ　ルギャルデ）

見てもいいですか？

許可を求める言い方の Je peux（ジュ プ）～？「～してもいいですか？」を使います。フランスでは、お店で勝手に商品に触れるのはあまり好まれません。でも、この一言を言えば問題ありません！

Je peux essayer ?
（ジュ プ　エセイエ）

試着（試）してもいいですか？

商品を試したいときも、許可を求める言い方の Je peux（ジュ プ）～？「～してもいいですか？」を使います。

J'aime bien.
（ジェム　ビヤン）

気に入りました。

「好きです」という動詞の aimer（エメ）を使って、J'aime bien.（ジェム ビヤン）「私はとても好きです。」と言って、商品などが気に入ったことを伝えましょう。

C'est cher.　　　　　　（値段が）高いです。
セ　シェール

　　商品の値段が高いときには、提示表現の c'est ~「~です」を使ってはっきりと C'est cher. と言いましょう。逆に安くてお買い得と思ったら、Ce n'est pas cher.「高くない＝安い」です。フランス語に（値段が）安いという形容詞が存在しないので「高い」の否定文を用います。注：否定文の解説は p.76 です。

Je prends ça.　　　　　これを買います。
ジュ　プラン　サ

　　商品を購入したいときの一番カンタンな言い方です。ça「これ」は本当に便利なことば（指示代名詞）です。注：指示代名詞の解説は p.56 です。

その他　　　　　　　　　　　　　　　　074

Ça va ?　　　　　　　大丈夫？
サ　ヴァ

　　相手が元気かどうかをたずねるときの ça va ? を使って、ものごとの調子をきくことができます。問題ないと答える場合は同じように Ça va.「大丈夫です。」と言えば OK です。便利ですね。注：指示代名詞の解説は p.56 です。

Ça y est !　　　　　　やった！ / うまくいった！
サ　イ　エ

　　文字通り、ものごとが万事うまくいったときの表現です。ça「これ」は本当に便利なことば（指示代名詞）です。注：指示代名詞の解説は p.56 です。

Attention !　　　　　　気をつけて！ / あぶない！
アタンスィヨン

　　attention「注意」という名詞を言うだけで、相手の注意を促したり、危険を知らせることができます。

Au secours !　　　助けて！
もしもの緊急事態に救助を求めるときに叫びましょう。

C'est interdit.　　　禁止です。/ダメです。
看板で interdit de fumer「禁煙」など多く見かけます。禁止の案内に気づいていない人に教えてあげましょう。

Je ne sais pas.　　　わかりません。
相手が何を言っているかわからないときにも、また知らないことを言っているときにも使います。街頭セールス的なものを断る場合にも有効です。

Répétez, s'il vous plaît.　　　もう一度お願いします。
相手にもう一度繰り返して言ってもらいたいときに使います。

C'est libre ?　　　ここは空いていますか？
席が空いているかどうかなどをたずねる言い方です。

Il y a quelqu'un ?　　　誰かいますか？
お店や席に誰も見当たらないときに確認する言い方です。トイレなどでも使えます。

まるごと覚えて使う「超基本表現」を勉強しましたが、次の「超基本フレーズ」では、一歩進んでカンタンなフレーズを作ることに挑戦しましょう。その前に、フランス語の文の作り方についてカンタンに解説します。**文を構成するしくみ**がわかっていると、どのフレーズも単語を入れ替えるだけで成り立っていることがたやすく理解できます。

フランス語の文の作り方

主な文の構成要素

主語、動詞、属詞、目的語、前置詞、副詞などです。

[動詞] 主語の行為や状態を示すもので、文全体の中心になるとても大切な要素です。フランス語では、動詞の形は主語によって決まります。

[属詞] カンタンにいってしまうと、主語とイコールになるもののことをさして、主語の性質や特性を表わします。属詞になりうるのは、形容詞、名詞、代名詞です。本書では国籍や職業そして形容詞を属詞として取り上げました。主語と次にくるものをイコールで結ぶ動詞 être（エートル）の後ろは属詞と考えていいでしょう。英語の補語に相当します。

[目的語] 動詞の動作や行為がおよぶ対象（人やもの）のことをいいます。日本語の「～を」や「～に」に相当し、動詞に補足の意味を与えてその文を完全にするための要素です。

[前置詞] 名詞や代名詞などの前に置いて、その語の他の語に対する関係を示す要素です。

[副詞] 動詞、形容詞および副詞の補足をする要素です。程度や強弱そして様態を修飾します。

文の語順　075

1. 主語─動詞

ジュ　シャントゥ
Je chante.
[主語] [動詞]

私は歌います。
注：chante（シャントゥ）の原形は chanter（シャンテ）「歌う」です。

75

2. 主語―動詞―属詞

<ruby>Je<rt>ジュ</rt></ruby> <ruby>suis<rt>スュイ</rt></ruby> <ruby>pâtissier<rt>パティスィエ</rt></ruby>.   私はケーキ職人です。
[主語] [動詞] [属詞（職業）]
　　　　　　　　　　　　　　　注：<ruby>suis<rt>スュイ</rt></ruby> の原形は <ruby>être<rt>エートル</rt></ruby> です。

3. 主語―動詞―目的語

<ruby>J'aime<rt>ジェム</rt></ruby> <ruby>le<rt>ル</rt></ruby> <ruby>chocolat<rt>ショコラ</rt></ruby>.   私はチョコレートが（を）好きです。
[主語] [動詞] [目的語]
　　　　　　　　　　　　　　　注：<ruby>aime<rt>エム</rt></ruby> の原形は <ruby>aimer<rt>エメ</rt></ruby> です。

4. 主語―動詞―前置詞―名詞

<ruby>Je<rt>ジュ</rt></ruby> <ruby>suis<rt>スュイ</rt></ruby> <ruby>chez<rt>シェ</rt></ruby> <ruby>Luc<rt>リュック</rt></ruby>.   私はリュックの家にいます。
[主語] [動詞] [前置詞] [固有名詞]

5. 主語―動詞―副詞―目的語

<ruby>J'aime<rt>ジェム</rt></ruby> <ruby>beaucoup<rt>ボク</rt></ruby> <ruby>le<rt>ル</rt></ruby> <ruby>chocolat<rt>ショコラ</rt></ruby>.   私はチョコレートが（を）大好きです。
[主語] [動詞] [副詞] [目的語]

否定文の作り方 🔊 076

　文中の動詞を <ruby>ne(n')<rt>ヌ</rt></ruby> と <ruby>pas<rt>パ</rt></ruby> ではさみます。
注：ne は、後ろに母音あるいは無音の h で始まる語が続くときは n' とエリズィヨンします。

主語―<ruby>ne(n')<rt>ヌ</rt></ruby>―動詞―<ruby>pas<rt>パ</rt></ruby> 〜．

<ruby>Je<rt>ジュ</rt></ruby> <ruby>ne<rt>ヌ</rt></ruby> <ruby>chante<rt>シャントゥ</rt></ruby> <ruby>pas<rt>パ</rt></ruby> <ruby>bien<rt>ビヤン</rt></ruby>.   私はうまく歌いません。
[主語]　　[動詞]　　[副詞]　　　　（私は歌がうまくありません。）

ジュ ヌ スュイ パ パティスィエ
Je ne suis pas pâtissier. 私はケーキ職人ではありません。
[主語]　[動詞]　　[属詞（職業）]

ジュリー ナ パ ドゥ フレール
Julie n'a pas de frères. ジュリーは兄弟がいません。
[主語]　[動詞]　[冠詞]　[目的語]　　注：a の原形は avoir 「持つ」です。
　　　　　　　　　　　　　　　　　　　　　ア　　　　アヴォワール

注：否定文中でゼロを表す場合（持っていないなど）には、否定の冠詞の de(d') を用い
　　　　　　　　　　　　　　　　　　　　　　　　　　　　　　　　　　　　　ドゥ
　ます。de は、後ろに母音あるいは無音の h で始まる語が続くときは d' とエリズィ
　　　　　ドゥ
　ヨンします。

疑問文の作り方　🔊 077

　疑問文の作り方は 3 通りありますが、今は一番カンタンな作り方だけで十分で
す。文の最後に [?] をつけて、文末のイントネーションを上昇トーンで言います。
会話ではこれで OK です。

ヴゼメ　　　ル　　ショコラ
Vous aimez le chocolat ? チョコレートはお好きですか？
[主語]　[動詞]　　[目的語]　　　　注：aimez の原形は aimer です。
　　　　　　　　　　　　　　　　　　　　　エメ　　　　　　エメ

応答文の作り方　🔊 078

　疑問文に応答するときの「はい」と「いいえ」は oui、si、non を使い分けます。
肯定疑問文に対しては oui と non を使います。　　　　　ウィ　スィ　ノン
　　　　　　　　　　　　　ウィ　　ノン

ヴゼメ　　　ル　　ショコラ
Vous aimez le chocolat ? チョコレートはお好きですか？
[主語]　[動詞]　　[目的語]

ウィ　ジェム　ル　ショコラ
⇒ Oui, j'aime le chocolat. はい、好きです。

77

⇒ Non, je n'aime pas le chocolat.
いいえ、好きではありません。

否定疑問文に対しては si と non を使います。

Vous n'aimez pas le chocolat ?
[主語]　[動詞]　　　　　　[目的語]
チョコレートお好きではありませんか？

⇒ Si, j'aime le chocolat.　いいえ、好きです。

⇒ Non, je n'aime pas le chocolat.
はい、好きではありません。

　文法解説が加わってしまったので、少し難しい印象を持たれたかもしれません。でも、**文を構成するしくみ**とともに**語順の大切さ**もわかっていただけたと思います。次の「超基本フレーズ」にすんなり進めますね。まだ消化が不十分の項目があったとしてもかまいません。気にせず先に進みましょう。必ずあとで思い当たるところが出てくるはずです。そのときに、振り返っていただけば「ああ、そうだったのか」ときちんと理解できます。それこそが、語学学習です。行ったり来たりを繰り返しながらゆっくりいきましょう。Bon, on y va !「さぁ、いきましょう！」

超 基本フレーズ

超基本的なフレーズを選びました！ポイントをしっかりおさえてフランス語の超基本をワイドに身につけましょう！

être「〜です/いる」の紹介 🔊079

英語の be と同じ用法の動詞です。まず、主語に合せた活用表を見てください。

ジュ スュイ je suis 私は〜です	ヌ ソム nous sommes 私たちは〜です
テュ エ tu es 君は〜です	ヴゼットゥ vous êtes あなた(たち)は〜です
イレ il est 彼は〜です	イル ソン ils sont 彼らは〜です
エレ elle est 彼女は〜です	エル ソン elles sont 彼女たちは〜です

　基本動詞といいながら、いきなり超不規則動詞の être から始まります。フランス語は文を作るときに動詞は主語に合せて活用させます。これは、英語も同じですよね。ただし、その活用はたくさん変化します。正直、ちょっとやっかいです。上の活用表をみると、主語に合わせて 6 つも変化しています。これだけ変化するので、フランス語の動詞活用を勉強するときは、必ず主語代名詞とともに覚えるようにしましょう。でも、今は全部覚える必要はありません。
　まずは、自分が言いたいことや相手に聞きたいことだけを中心に学習していきましょう。主語は、je「私は」と vous「あなたは」だけで十分です。

アヴァン サ
Avant ça ! 　[ちょっとその前に]　 080

「超基本表現」で être（エートル）を使ったフレーズを確認しておきましょう。

ケ ス ク セ
Qu'est-ce que c'est ? 　これは何ですか？

セ ラ トゥー レッフェル
C'est la tour Eiffel. 　エッフェル塔です。

イレ ユヌール
Il est une heure. 　1時です。

ジュ スュイ デゾレ
Je suis désolé(e). 　ごめんなさい。

81

1 私は大学生です。

私は〜です。　**Je suis/être の構文**
（ジュ　スユイ　エートル）

🔊 .081

超 カンタン文型

9　主語　＋　**suis**（スユイ）　＋　職業

ポイントは

Je suis
（ジュ　スユイ）

être（エートル）は A ＝ B という関係を表し、「A は B です」という意味になります。自分のことを語るので主語の A は Je「私は」（ジュ）で、それに合せて être（エートル）は suis（スユイ）「〜です」という活用形になります。この課では、B の部分に職業を表す名詞を当てはめて自分の職業を言いましょう。

超 カンタンフレーズ

私は大学生です。

スュイ
suis

ジュ　スュイ　エテュディアン
Je suis étudiant.
私は　です　　大学生

私は女子大学生です。

スュイ
suis

ジュ　スュイ　エテュディアントゥ
Je suis étudiante.
私は　です　　女子大学生

私は会社員です。

スュイ
suis

ジュ　スュイ　アンプロワイエ
Je suis employé(e).
私は　です　会社員（女性）

注：employé(e) は男・女同音の名詞です。

超 カンタンフレーズワイド 🎵 082

フランス語の文をちょっとずつ発展させましょう。

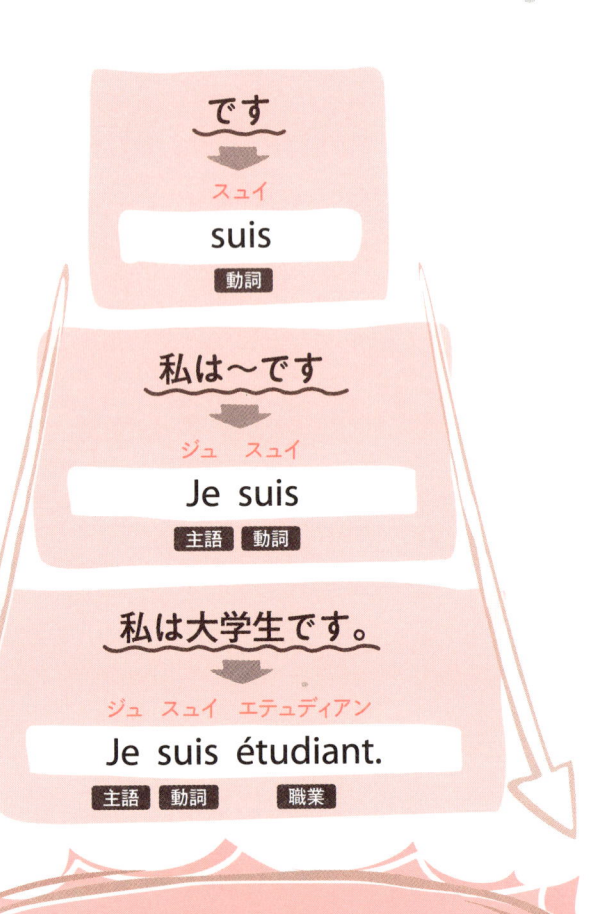

です
スュイ
suis
[動詞]

私は〜です
ジュ スュイ
Je suis
[主語] [動詞]

私は大学生です。
ジュ スュイ エテュディアン
Je suis étudiant.
[主語] [動詞] [職業]

私は日本人大学生です。
ジュ スュイ アンネテュディアン ジャポネ
Je suis un étudiant japonais.
[主語] [動詞] [職業] [形容詞]

手で覚えるフランス語！

単語チェック　[読んで書いて覚えましょう！]

次の語句を実際に発音しながら、はじめはなぞって、次に正確に書き写しましょう。読み方もカタカナで書きましょう。

① 日本の　　　　　ジャポネ（ーズ）
　　　　　　　　　japonais(e)

② フランスの　　　フランセ（ーズ）
　　　　　　　　　français(e)

③ 会社員　　　　　アンプロワイエ
　　　　　　　　　employé(e)

語順チェック　[読んで書いて覚えましょう！]

次の語を正しい語順に並び替え、読みのルールを思い出しながらフレーズを読んでみましょう。注：文頭の語も小文字で始まっています。

① 「私は日本人女子大学生です。」

une, japonaise, suis, étudiante, je

② 「私（男性）はフランス人大学生です。」

français, je, suis, étudiant, un

③ 「私（女性）は日本の会社員です。」

suis, employée, japonaise, je, une

解答：① ジュ スュイ　ユネテュディアントゥ　ジャポネーズ
　Je suis une étudiante japonaise.　② ジュ スュイ　アンネテュディアン　フランセ
　Je suis un étudiant français.
③ ジュ スュイ　ユナンプロワイエ　ジャポネーズ
　Je suis une employée japonaise.

注：原則として形容詞は名詞の後ろに置かれます。また、職業を形容詞とともに表す場合には、不定冠詞 アン　ユヌ (un, une) を職業名の前に入れます。

85

2 私はパリにいます。

私は〜います。 Je suis/être の構文 　🔊083

超 カンタン文型

9 　主語 ＋ **suis**(スュイ) ＋ 前置詞 ＋ 場所の名詞

ポイントは
Je suis à (ジュ スュイ ア)

être(エートル) は場所を表す前置詞とともに使って存在を表します。場所を表す前置詞はいろいろありますが、この課では、まず一番カンタンな前置詞 à を勉強します。主語は Je「私は」で、それに合せて être は suis という活用形になります。自分の居る場所を伝えましょう。

超 カンタンフレーズ

私はパリにいます。

スュイ ア
suis à

ジュ スュイ ア パリ
Je suis à Paris.
私は いる 〜に パリ

私は東京にいます。

スュイ ア
suis à

ジュ スュイ ア トキョ
Je suis à Tokyo.
私は いる 〜に 東京

私はニースにいます。

スュイ ア
suis à

ジュ スュイ ア ニース
Je suis à Nice.
私は いる 〜に ニース

注：Nice（ニース）は南フランスの都市名です。

超 カンタンフレーズワイド　🎧084

フランス語の文をちょっとずつ発展させましょう。

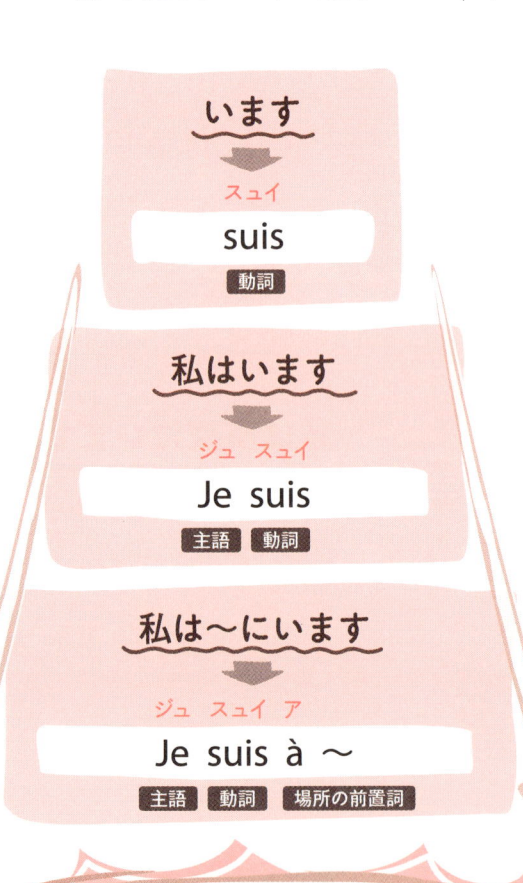

います
↓
スュイ
suis
[動詞]

私はいます
↓
ジュ スュイ
Je suis
[主語][動詞]

私は〜にいます
↓
ジュ スュイ ア
Je suis à 〜
[主語][動詞][場所の前置詞]

私はヴェルサイユにいます。
↓
ジュ スュイ　ア　　ヴェルサイユ
Je suis　à　Versailles.
[主語][動詞][場所の前置詞][都市名]

88

手で覚えるフランス語！

単語チェック　[読んで書いて覚えましょう！]

次の語句を実際に発音しながら正確に書き写しましょう。読み方もカタカナで書きましょう。注：前置詞に関しては p.130 と p.162 を参照してください。

① フランスに　　　　アン　フランス
　　　　　　　　　　en France

② 日本に　　　　　　オ　ジャポン
　　　　　　　　　　au Japon

③ シャンゼリゼ通りに　オ　　　　シャンゼリゼ
　　　　　　　　　　aux Champs-Élysées

語順チェック　[読んで書いて覚えましょう！]

次の語を正しい語順に並び替え、読みのルールを思い出しながらフレーズを読んでみましょう。注：文頭の語も小文字で始まっています。

① 「私はフランスにいます。」

en, suis, France, je

② 「私は日本にいます。」

Japon, je, suis, au

③ 「私はシャンゼリゼ通りにいます。」

aux, je, suis, Champs-Élysées

解答：　　　ジュ スュイ アン　フランス　　　　ジュ スュイ オ　ジャポン　　　　ジュ スュイ オ　　　　シャンゼリゼ
　　① Je suis en France.　② Je suis au Japon.　③ Je suis aux Champs-Élysées.
　　注：前置詞は、後続の場所の名詞によって使い分けます。p.130 と p.162 を参照してください。

89

3 あなたはフランス人ですか？

あなたは〜ですか？/〜にいますか？　Vous êtes/être の構文
ヴゼットゥ　エートル

🎧 085

超 カンタン文型

⚑ 主語 ＋ **êtes**(エットゥ) ＋ 国籍・職業 ？

⚑ 主語 ＋ **êtes**(エットゥ) ＋ 前置詞 ＋ 場所の名詞 ？

ポイントは Vous êtes 〜 ?
ヴゼットゥ

「あなたは」

être は「 主語 ＝ ☐ 」ということを表したり、場所の前置詞とともに存在を表しますね。この課では、相手のことを聞いてみましょう。主語は Vous「あなたは」で、それに合わせて être(エートル) は êtes(エットゥ) に変化します。文末に [?] をつけるだけで疑問文になります。

注：vous(ヴ) と êtes(エットゥ) はリエゾンするので vous êtes(ヴゼットゥ) と発音します。

超カンタンフレーズ

あなたはフランス人ですか？

エットゥ
êtes

ヴゼットゥ　　　フランセ
Vous êtes français ?
あなたは　です　フランスの

注：疑問文は文末に［?］をつけて、発音するときは文末を上昇調で読みましょう。

あなたはジャーナリストですか？

エットゥ
êtes

ヴゼットゥ　　　ジュルナリストゥ
Vous êtes journaliste ?
あなたは　です　ジャーナリスト

あなたはパリにいますか？

エットゥ ア
êtes à

ヴゼットゥ　　ア　　パリ
Vous êtes à Paris ?
あなたは いる ～に パリ

超カンタンフレーズワイド 086

フランス語の文をちょっとずつ発展させましょう。

です
↓
エットゥ
êtes
動詞

あなたは〜です
↓
ヴゼットゥ
Vous êtes
主語 動詞

あなたはジャーナリストですか？
↓
ヴゼットゥ　ジュルナリストゥ
Vous êtes journaliste ?
主語 動詞 職業

あなたは日本のジャーナリストですか？
↓
ヴゼットゥ　アン　ジュルナリストゥ　ジャポネ
Vous êtes un journaliste japonais ?
主語 動詞 職業 形容詞

92

手で覚えるフランス語！

単語チェック　[読んで書いて覚えましょう！]

次の語句を実際に発音しながら正確に書き写しましょう。読み方もカタカナで書きましょう。注：前置詞に関しては p.130 を参照してください。

① 日本の
　　　ジャポネ
　　　japonais

② フランスの芸術家（男性）
　　　アンナルティストゥ　フランセ
　　　un artiste français

③ ピカソ美術館に
　　　オ　ミュゼ　ピカソ
　　　au musée Picasso

語順チェック　[読んで書いて覚えましょう！]

次の語を正しい語順に並べ替え、読みのルールを思い出しながらフレーズを読んでみましょう。注：文頭の語も小文字で始まっています。

① 「あなたは日本人ですか？」

japonais, êtes, vous　　?

② 「あなたはフランスの芸術家ですか？」

êtes, français, artiste, vous, un　　?

③ 「あなたはピカソ美術館にいますか？」

au, vous, êtes, musée Picasso　　?

解答：① ヴゼットゥ ジャポネ Vous êtes japonais ?　② ヴゼットゥ アンナルティストゥ フランセ Vous êtes un artiste français ?　注：職業を形容詞とともに表す場合には、不定冠詞を職業名の前に入れます。　③ ヴゼットゥ オ ミュゼ ピカソ Vous êtes au musée Picasso ?

93

4 私は大学生ではありません。

私は〜ではありません。 否定の構文　　087

超 カンタン文型

♪ 主語 ＋ **ne**(ヌ) ＋ 動詞 ＋ **pas**(パ) ＋ 職業

ポイントは

ジュ　ヌ　スュイ　パ
Je ne suis pas

フランス語の否定文は文中の動詞を ne(ヌ) と pas(パ) ではさんで作ります。主語は Je「私は」で、動詞は être(エートル) の suis(スュイ)「〜です」を使って否定文を勉強しましょう。

超 カンタンフレーズ

私は大学生ではありません。

ne suis pas
ヌ　スュイ　パ

Je ne suis pas étudiant.
ジュ　ヌ　スュイ　パ　エテュディアン
私は　です　　　　大学生
　　　ない

私は女子大学生ではありません。

ne suis pas
ヌ　スュイ　パ

Je ne suis pas étudiante.
ジュ　ヌ　スュイ　パ　エテュディアントゥ
私は　です　　　　女子大学生
　　　ない

私は会社員ではありません。

ne suis pas
ヌ　スュイ　パ

Je ne suis pas employé(e).
ジュ　ヌ　スュイ　パ　アンプロワイエ
私は　です　　　　会社員（女性）
　　　ない

注：employé(e) は男・女同音の名詞です。

95

超 カンタンフレーズワイド 088

フランス語の文をちょっとずつ発展させましょう。

あなたは女子大学生ですか？
→
ヴゼットゥ　エテュディアントゥ
Vous êtes étudiante ?

いいえ。
→
ノン
Non.
否定の答え

いいえ、私は～ではない
→
ノン　ジュ　ヌ　スュイ　パ
Non, je ne suis pas
否定の答え｜主語｜動詞

いいえ、私は女子大学生ではありません。
→
ノン　ジュ　ヌ　スュイ　パ　エテュディアントゥ
Non, je ne suis pas étudiante.
否定の答え｜主語｜動詞｜職業
否定

96

手で覚えるフランス語！

単語チェック　[読んで書いて覚えましょう！]

次の語句を実際に発音しながら正確に書き写しましょう。読み方もカタカナで書きましょう。

① ジャーナリスト　　ジュルナリストゥ
　　　　　　　　　　journaliste

② 中国の　　　　　　シノワ (ーズ)
　　　　　　　　　　chinois(e)

③ ホテルに　　　　　ア　ロテル
　　　　　　　　　　à l'hôtel

語順チェック　[読んで書いて覚えましょう！]

次の語を正しい語順に並び替え、読みのルールを思い出しながらフレーズを読んでみましょう。注：文頭の語も小文字で始まっています。

① 「私はジャーナリストではありません。」

journaliste, suis, ne, pas, je

② 「私（男性）は中国人ではありません。」

chinois, je, suis, pas, ne

③ 「私はホテルにいません。」

l'hôtel, ne, je, pas, suis, à

解答：① ジュ ヌ スュイ パ ジュルナリストゥ
　　　Je ne suis pas journaliste.　② ジュ ヌ スュイ パ シノワ
Je ne suis pas chinois.
　　　③ ジュ ヌ スュイ パ ア ロテル
Je ne suis pas à l'hôtel.

97

5 あなたは(感じが)いい人ですね。

あなたは〜です。　Vous êtes/être の構文　🎧089
　　　　　　　　　ヴゼットゥ　エートル

超 カンタン文型

9　主語 ＋ **êtes** ＋ 形容詞 ．
　　　　　　エットゥ

ポイントは

Vous êtes
ヴゼットゥ

être は「主語 ＝ 　　」ということを
エートル
表しますが、この課では、形容詞を使っ
て相手のことを言ってみましょう。お礼を
言うときなどに、会話を発展させることが
できます。主語は Vous「あなたは」で、
　　　　　　　　　　　ヴ
それに合わせて être は êtes に変化します。
　　　　　　　エートル　エットゥ

注：vous と êtes はリエゾンするので vous êtes と発音します。
　　ヴ　　エットゥ　　　　　　　　　　ヴゼットゥ

超カンタンフレーズ

あなたは（感じが）いい人ですね。

エットゥ
êtes

ヴゼットゥ　　サンパ
Vous êtes sympa.
あなたは　です　感じがいい

注：sympa は sympathique の略語です。
　　サンパ　　サンパティック

あなた（男性）は親切です。

エットゥ
êtes

ヴゼットゥ　　ジャンティ
Vous êtes gentil.
あなたは　です　親切な

注：お礼のことばの merci とともに使いましょう。gentil の前に très
　　　　　　　　　　　メルスィ　　　　　　　　　　　　ジャンティ　　　トレ
「とても」を入れるとより丁寧な印象になります。

あなた（女性）はきれいです。

エットゥ
êtes

ヴゼットゥ　　ジョリ
Vous êtes jolie.
あなたは　です　きれいな

注：jolie の前に très「とても」を入れるとより強い印象になります。
　　ジョリ　　　　トレ

超 カンタンフレーズワイド 090

フランス語の文をちょっとずつ発展させましょう。

あなた（女性）はうれしいですか？

ヴゼットゥ　コンタントゥ
Vous êtes contente ?

はい。

ウィ
Oui.

肯定の答え

はい、私はうれしいです。

ウィ　　ジュ　スュイ　コンタントゥ
Oui, je suis contente.

肯定の答え　主語　動詞　形容詞（女性形）

はい、私はとてもうれしいです。

ウィ　　ジュ　スュイ　トレ　コンタントゥ
Oui, je suis très contente.

肯定の答え　主語　動詞　副詞　形容詞（女性形）

手で覚えるフランス語！

単語チェック　[読んで書いて覚えましょう！]

次の語句を実際に発音しながら正確に書き写しましょう。読み方もカタカナで書きましょう。

① 疲れた　　　ファティゲ　　fatigué(e)

② 少し　　　　アン プ　　un peu

③ 忙しい　　　オキュペ　　occupé(e)

④ ひまな　　　リーブル　　libre

語順チェック　[読んで書いて覚えましょう！]

次の語を正しい語順に並び替え、読みのルールを思い出しながらフレーズを読んでみましょう。注：文頭の語も小文字で始まっています。

① 「あなた（男性）はとても疲れていますか？」

vous, fatigué, êtes, très　　　？

② 「はい、少し疲れています。」　注：アン プ　un peu は形容詞の前に置きます。

je, suis, oui,, fatigué, un peu

③ 「あなた（女性）は忙しいですか？」

occupée, êtes, vous　　　？

④ 「いいえ、私はひまです。」

suis, libre, non,, je

解答：
① ヴゼットゥ トレ ファティゲ　Vous êtes très fatigué ?
② ウィ ジュ スュイ アン プ ファティゲ　Oui, je suis un peu fatigué.
③ ヴゼットゥ オキュペ　Vous êtes occupée ?
④ ノン ジュ スュイ リーブル　Non, je suis libre.

101

avoir「持つ」の紹介
アヴォワール

091

　英語の have と同じ用法の動詞です。はじめに主語に合わせた活用表を見てください。

ジェ j'ai　私は〜を持つ	ヌザヴォン nous avons　私たちは〜を持つ
テュ ア tu as　君は〜を持つ	ヴザヴェ vous avez　あなた（たち）は〜を持つ
イラ il a　彼は〜を持つ	イルゾン ils ont　彼らは〜を持つ
エラ elle a　彼女は〜を持つ	エルゾン elles ont　彼女たちは〜を持つ

　アヴォワール　エートル
　avoir も être と同じように超不規則動詞ですが、重要動詞でもあります。上の活用表を見ると、やはり主語に合わせて6つも変化しています。フランス語の動詞活用を勉強するときは、必ず主語代名詞とともに覚えるようにしましょう。でも、ここでも全部覚える必要はありません。
　　　　　　　　　　ジュ　　　　　　　　ヴ　　　　　　　　　　　　アヴォワール
　まずは、主語の、je「私は」と vous「あなたは」だけを使って avoir を勉強してみましょう。

アヴァン サ
Avant ça ! ［ちょっとその前に］ 092

アヴォワール
「超基本表現」で avoir を使ったフレーズを確認しておきましょう。

ケ　ス　ク　　ヴザヴェ　　コム　　デセール
Qu'est-ce que vous avez comme dessert ?
デザートは何がありますか？

イリヤ　　ケルカン
Il y a quelqu'un ?

誰かいますか？

イリヤ　　ユヌ　　スタスィヨン　ドゥ　メトロ　　プレ　ディスィ
Il y a une station de métro près d'ici ?
この近くに地下鉄の駅はありますか？

1 私はパスポートを持っています。

私は〜を持っています。　J'ai（ジェ）/avoir（アヴォワール）の構文　🎧093

超カンタン文型

» 主語 ＋ ai（エ） ＋ 目的語

ポイントは

J'ai（ジェ）

avoir（アヴォワール）は「主語 は 目的語 を持つ」ということを表します。
目的語によって、「〜を持つ」以外に「〜がいる」「〜を飼う」「何歳である」などさまざまな意味になります。ここでは自分のことを語ります。主語は Je（ジュ）「私は」で avoir（アヴォワール）は ai（エ）「〜を持つ」という活用形になります。

注：je（ジュ）はエリズィヨンの対象の語なので後ろに ai（エ）がくると j'ai（ジェ）となります。

超 カンタンフレーズ

私はパスポートを持っています。

ジェ
J'ai

ジェ　アン　　パスポール
J'ai un passeport.
私は 持つ　　パスポート

私はフランス人の友人がいます。

ジェ
J'ai

ジェ　アン　アンナミ　　フランセ
J'ai un ami français.
私は 持つ 友人　　　フランスの

私はネコを飼っています。

ジェ
J'ai

ジェ　アン　シャ
J'ai un chat.
私は 持つ　ネコ

注：un と une は「ひとつ」で des は「いくつか」という意味の不定冠詞です。p.35 を参照してください。

105

超カンタンフレーズワイド 094

フランス語の文をちょっとずつ発展させましょう。

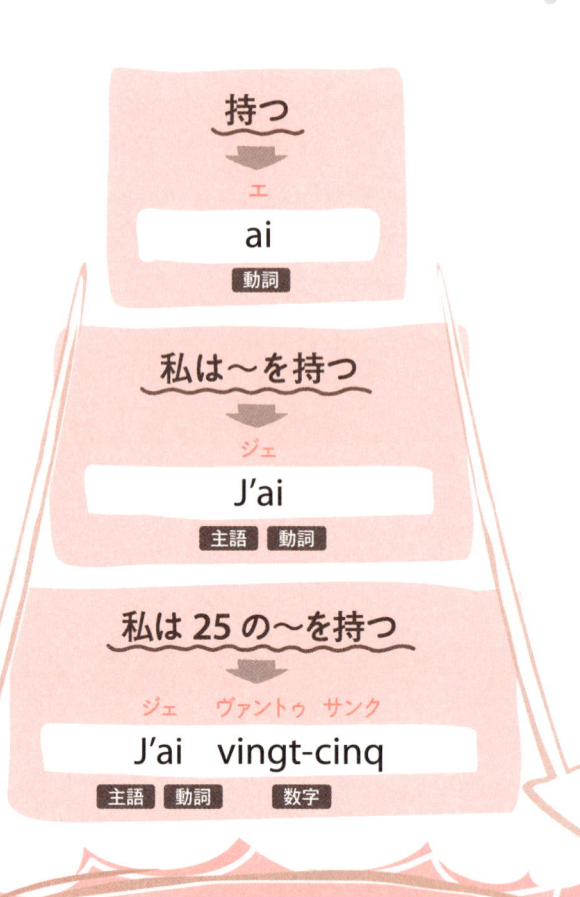

持つ
↓
エ
ai
`動詞`

私は〜を持つ
↓
ジェ
J'ai
`主語` `動詞`

私は 25 の〜を持つ
↓
ジェ　ヴァントゥ サンク
J'ai　vingt-cinq
`主語` `動詞` `数字`

私は 25 歳です。
↓
ジェ　ヴァントゥ　サンカン
J'ai　vingt-cinq　ans.
`主語` `動詞` `数字` `年=歳`

手で覚えるフランス語！

単語チェック　[読んで書いて覚えましょう！]

次の語句を実際に発音しながら正確に書き写しましょう。読み方もカタカナで書きましょう。

① スーツケース　　　ユヌ　ヴァリーズ
　　　　　　　　　　une valise

② フランス人の友人(複)　デザミ　　フランセ
　　　　　　　　　　　des amis français

③ 黒い犬　　　　　アン　シヤン　ノワール
　　　　　　　　　un chien noir

語順チェック　[読んで書いて覚えましょう！]

次の語を正しい語順に並び替えましょう。読みのルールを思い出しながらフレーズを読んでみましょう。注：文頭の語も小文字で始まっています。

①「私はスーツケースを持っています。」

　　　valise, j'ai, une

②「私はフランス人の友人が何人かいます。」

　　　j'ai, amis, des, français

③「私は黒い犬を飼っています。」

　　　noir, j'ai, chien, un

解答：① ジェ ユヌ ヴァリーズ　J'ai une valise.　② ジェ デザミ フランセ　J'ai des amis français.　③ ジェ アン シヤン ノワール　J'ai un chien noir.

107

2 私はお腹がすいています。

私は〜(の状態)です。　J'ai /avoir の構文　🔊095

超カンタン文型

主語 ＋ **ai**(エ) ＋ 状態の名詞
　　　　　　　　　　　目的語

ポイントは

J'ai(ジェ)

avoir(アヴォワール) は「主語 は 目的語 を持つ」ということを意味しますが、目的語に状態を表す名詞を使って、「お腹がすいている」というような心身の状態を伝えることができます。このような場合には冠詞を省きます。ここでは自分の状態を言いましょう。主語は Je(ジュ)「私は」で avoir は ai(エ)「〜を持つ」という活用形になります。

注：je(ジュ) はエリズィヨンの対象の語なので後ろに ai(エ) がくると j'ai(ジェ) となります。

超 カンタンフレーズ

私はお腹がすいています。

J'ai (ジェ)

J'ai faim.
ジェ　ファン
私は 持つ 空腹

私はのどが渇いています。

J'ai (ジェ)

J'ai soif.
ジェ　ソワフ
私は 持つ のどの渇き

私は暑いです。

J'ai (ジェ)

J'ai chaud.
ジェ　ショ
私は 持つ 暑さ

109

超カンタンフレーズワイド 🎧 096

フランス語の文をちょっとずつ発展させましょう。

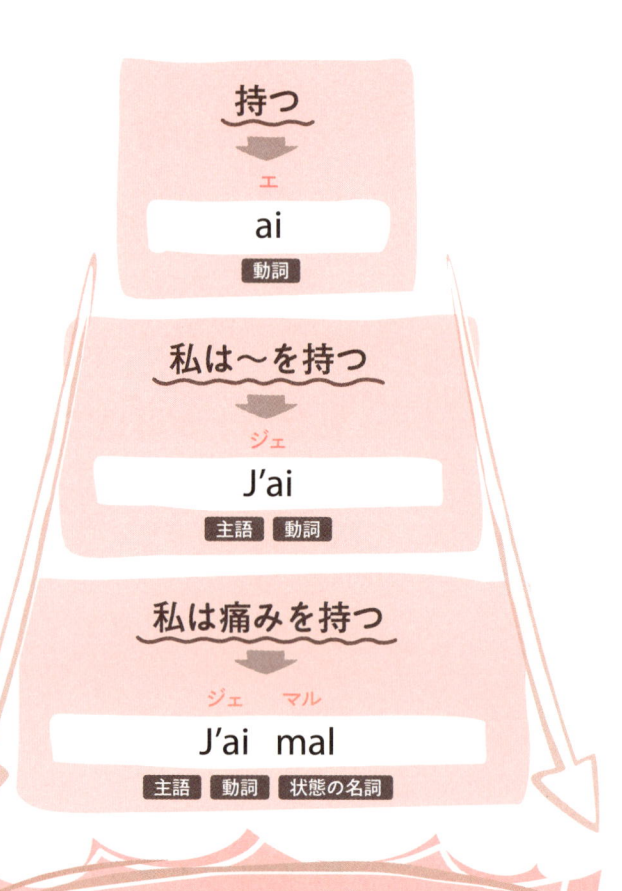

持つ
→
ェ
ai
動詞

私は〜を持つ
→
ジェ
J'ai
主語 動詞

私は痛みを持つ
→
ジェ　マル
J'ai mal
主語 動詞 状態の名詞

私は頭が痛いです。
→
ジェ　マラ　ラ　テットゥ
J'ai mal à la tête.
主語 動詞 状態の名詞 場所の前置詞 名詞

110

手で覚えるフランス語！

単語チェック　[読んで書いて覚えましょう！]

次の語句を実際に発音しながら正確に書き写しましょう。読み方もカタカナで書きましょう。

① お腹に　　　オ ヴァントル
　　　　　　　au ventre

　　　　　　　　　　　注：à+le ➡ au（アル オ）p.130 参照

② 足（複）に　オ ピエ
　　　　　　　aux pieds

　　　　　　　　　　　注：à+les ➡ aux（アレ オ）p.130 参照

③ 寒さ　　　　フロワ
　　　　　　　froid

語順チェック　[読んで書いて覚えましょう！]

次の語を正しい語順に並び替えましょう。読みのルールを思い出しながらフレーズを読んでみましょう。注：文頭の語も小文字で始まっています。

①「私はお腹が痛いです。」

　　ventre, j'ai, au, mal

②「私は足（複）が痛いです。」

　　j'ai, aux, mal, pieds

③「私はとても寒いです。」注：très（トレ）は状態の名詞の前に置きます。

　　j'ai, très, froid

解答：① J'ai mal au ventre.（ジェ マロ ヴァントル）　② J'ai mal aux pieds.（ジェ マロ ピエ）　③ J'ai très froid.（ジェ トレ フロワ）

3 あなたはお腹がすいていますか？

あなたは〜を持っていますか？/（の状態）ですか？

Vous avez/avoir の構文　🎧 097
(ヴザヴェ　アヴォワール)

超 カンタン文型

主語 ＋ **avez**(アヴェ) ＋ 目的語 ？

ポイントは

Vous avez 〜 ?
(ヴザヴェ)

avoir(アヴォワール) は「主語 は 目的語 を持つ」が基本的な意味になりますが、目的語によって、「〜を持つ」以外に「〜がある」「〜を飼う」「お腹がすいている」（状態）などさまざまな使い方があることを勉強しました。それを応用して、この課では、相手に関して聞いてみましょう。
主語 は Vous(ヴ)「あなたは」で avoir(アヴォワール) は avez(アヴェ)「〜を持つ」という活用形になります。

注：vous(ヴ) と avez(アヴェ) はリエゾンするので vous avez(ヴザヴェ) と発音します。

超カンタンフレーズ

あなたはお腹がすいていますか？

アヴェ
avez

ヴザヴェ　ファン
Vous avez faim ?
あなたは　持つ　空腹

空いている部屋はありますか？（ホテルで）

アヴェ
avez

ヴザヴェ　ユヌ　シャンブル
Vous avez une chambre ?
あなたは　持つ　　　部屋

クロワッサンありますか？（パン屋さんで）

アヴェ
avez

ヴザヴェ　デ　クロワサン
Vous avez des croissants ?
あなたは　持つ　　　クロワッサン

113

超 カンタンフレーズワイド 🔊098

フランス語の文をちょっとずつ発展させましょう。

あなたはのどが渇いていますか？
⬇
ヴザヴェ　ソワフ
Vous avez soif ?

いいえ。
⬇
ノン
Non.

否定の答え

いいえ、私は〜ではない
⬇
ノン　ジュ　ネ　パ
Non, je n'ai pas

否定の答え　主語　動詞

注：ne はエリズィヨンの対象の語なので後ろに ai がくると n'ai となります。

いいえ、私はのどが渇いていません。
⬇
ノン　ジュ　ネ　パ　ソワフ
Non, je n'ai pas soif.

否定の答え　主語　動詞　状態の名詞
否定

手で覚えるフランス語！

単語チェック　[読んで書いて覚えましょう！]

次の語句を実際に発音しながら正確に書き写しましょう。読み方もカタカナで書きましょう。

① 頭に　　　　ア ラ テットゥ
　　　　　　　à la tête

② 空腹　　　　ファン
　　　　　　　faim

③ 私を必要　　ブゾワン ドゥ モワ
　　　　　　　besoin de moi

④ あなたを必要　ブゾワン ドゥ ヴ
　　　　　　　besoin de vous

語順チェック　[読んで書いて覚えましょう！]

次の語を正しい語順に並べ替えましょう。読みのルールを思い出しながらフレーズを読んでみましょう。注：文頭の語も小文字で始まっています。

①「私は頭が痛くないです。」

je, à la tête, n'ai, mal, pas

②「私はお腹がすいていません。」

n'ai, faim, je, pas

③「私に何か用事がありますか？」

avez, vous, besoin de moi　　　　　　　　　　？

④「ありがとう。何もあなたに用事はありません。」

pas, n'ai, besoin de vous, je　　Merci.

解答：① ジュ ネ パ マラ ラ テットゥ
　　　Je n'ai pas mal à la tête.　② ジュ ネ パ ファン
　　　　　　　　　　　　　　　　Je n'ai pas faim.
　　③ ヴザヴェ ブゾワン ドゥ モワ
　　　Vous avez besoin de moi ?　④ メルスィ ジュ ネ パ ブゾワン ドゥ ヴ
　　　　　　　　　　　　　　　　Merci. Je n'ai pas besoin de vous.

115

第1群規則動詞の紹介 🎧099

　原形の語尾が er で終わり、その活用語尾の変化が規則的な動詞の仲間を第1群規則動詞といいます。主語に合わせて語尾が規則的に変化します。ここでは、その代表として marcher「歩く」と aimer「好きです」の活用表をお見せします。
マルシェ　　　　　　　　　　　　　　　　　　　　　　　　エメ

marcher 歩く
（マルシェ）

ジュ マルシュ je marche 私は歩く	ヌ マルション nous marchons 私たちは歩く
テュ マルシュ tu marches 君は歩く	ヴ マルシェ vous marchez あなた（たち）は歩く
イル マルシュ il marche 彼は歩く	イル マルシュ ils marchent 彼らは歩く
エル マルシュ elle marche 彼女は歩く	エル マルシュ elles marchent 彼女たちは歩く

aimer 好きです
（エメ）

ジェム j'aime 私は〜が好きです	ヌゼモン nous aimons 私たちは〜が好きです
テュ エム tu aimes 君は〜が好きです	ヴゼメ vous aimez あなた（たち）は〜が好きです
イレム il aime 彼は〜が好きです	イルゼム ils aiment 彼らは〜が好きです
エレム elle aime 彼女は〜が好きです	エルゼム elles aiment 彼女たちは〜が好きです

左の活用表を見ると、この第 1 群規則動詞は主語に合わせて茶色字（語尾）の部分が変化します。黒字の部分は変化していません。marcher と aimer の語尾活用自体は同じなのですが、aimer は母音で始まっている動詞なので je は j' とエリズィヨンします。また、il と elle はアンシェヌマンで、nous、vous、ils、elles はリエゾンのルールでつなげて発音します。母音あるいは無音の h で始まる動詞のときは気をつけてください。

　主語と動詞の語尾変化の関係をまとめます。フランス語の動詞のおよそ 9 割がこの第 1 群規則動詞です。

ジュ je	—e [—]	ヌ nous	—ons [オン]
テュ tu	—es [—]	ヴ vous	—ez [エ]
イル il	—e [—]	イル ils	—ent [—]
エル elle	—e [—]	エル elles	—ent [—]

アヴァン サ
Avant ça ! [ちょっとその前に] 🔊 100

「超基本表現」で第 1 群規則動詞を使ったフレーズを確認しておきましょう。

サ　　マルシュ　　ビヤン
Ça marche bien.　　　　　うまくいってます。

ジェム　　ビヤン
J'aime bien.　　　　　気に入りました。

117

1 私は音楽が好きです。

私は〜が好きです。　J'aime(ジェム)/aimer(エメ) の構文　🔊101

超カンタン文型

♪ 主語 + aime(エム) + 目的語

ポイントは

J'aime(ジェム)

aimer(エメ) は「主語 は 目的語 が好きです」ということを表します。目的語によって、趣味や好みを言うことができます。目的語には定冠詞（「もの」全体を指す）や指示形容詞そして所有形容詞などが使われます。ここでは自分の好みを言いましょう。主語は Je(ジュ)「私は」で aimer は aime(エム)「〜が好きです」という活用形になります。

注：je(ジュ) はエリズィヨンの対象の語で、後ろに aime(エム) がくると j'aime(ジェム) となります。

118

超 カンタンフレーズ

私は音楽が好きです。

ジェム
J'aime

ジェム　　ラ　　ミュズィック
J'aime　la　musique.
私は〜が好きです　　音楽

私はコーヒーが好きです。

ジェム
J'aime

ジェム　　ル　　カフェ
J'aime　le　café.
私は〜が好きです　コーヒー

私は犬が好きです。

ジェム
J'aime

ジェム　　レ　　シヤン
J'aime　les　chiens.
私は〜が好きです　犬（複）

注：定冠詞の le と la と les は目的語の「もの」全体を指しています。p.36 を参照してください。

119

超 カンタンフレーズワイド 🎤102

フランス語の文をちょっとずつ発展させましょう。

好きです
↓
エム
aime
[動詞]

私は〜が好きです
↓
ジェム
J'aime
[主語] [動詞]

私はチョコレートが好きです。
↓
ジェム　ル　ショコラ
J'aime le chocolat.
[主語] [動詞] [目的語]

私はチョコレートが大好きです。
↓
ジェム　　ボク　　　ル　ショコラ
J'aime beaucoup le chocolat.
[主語] [動詞] [副詞] [目的語]

手で覚えるフランス語！

単語チェック　[読んで書いて覚えましょう！]

次の語句を実際に発音しながら正確に書き写しましょう。読み方もカタカナで書きましょう。

① 白ワイン

> ル ヴァン ブラン
> le vin blanc

② お酒

> ラルコール
> l'alcool

③ フランス映画

> レ フィルム フランセ
> les films français

語順チェック　[読んで書いて覚えましょう！]

次の語を正しい語順に並び替えましょう。読みのルールを思い出しながらフレーズを読んでみましょう。注：文頭の語も小文字で始まっています。

① 「私は白ワインが好きです。」

> vin, j'aime, le, blanc

② 「私はお酒が好きではありません。」　注：否定の ne+aime ⇒ n'aime（ヌ エム ⇒ ネム）

> je, l'alcool, n'aime, pas

③ 「私はフランス映画が大好きです。」　注：副詞は目的語の前に置きます。

> films, les, français, j'aime, beaucoup

解答：
① J'aime le vin blanc.（ジェム ル ヴァン ブラン）　② Je n'aime pas l'alcool.（ジュ ネム パ ラルコール）
③ J'aime beaucoup les films français.（ジェム ボク レ フィルム フランセ）

121

2 あなたは映画が好きですか？

あなたは〜が好きですか？　Vous aimez/aimer の構文
　　　　　　　　　　　　　　ヴゼメ　　　エメ

🎧103

超 カンタン文型

9　主語 ＋ **aimez** ＋ 目的語 ？
　　　　　　エム

ポイントは

Vous aimez〜？
　ヴゼメ

aimer は「主語 は 目的語 が好きです」
　エメ
ということを表しますね。この課では相
手の好きなものを聞いてみましょう。
主語は Vous「あなたは」で aimer は
　　　　　ヴ　　　　　　　　　　　エメ
aimez「〜が好きです」という活用形に
エメ
なります。

注：vous と aimez はリエゾンするので vous aimez と発音します。
　　 ヴ　　 エメ　　　　　　　　　　　　　ヴゼメ

超カンタンフレーズ

あなたは映画が好きですか？

aimez (エメ)

Vous aimez le cinéma ?
(ヴゼメ　ル　スィネマ)
あなたは〜が好きです　映画

あなたは買い物が好きですか？

aimez (エメ)

Vous aimez le shopping ?
(ヴゼメ　ル　ショッピング)
あなたは〜が好きです　買い物

あなたは旅行が好きですか？

aimez (エメ)

Vous aimez les voyages ?
(ヴゼメ　レ　ヴォワヤージュ)
あなたは〜が好きです　旅行

注：定冠詞の le と la と les は目的語の「もの」全体を指しています。p.36 を参照してください。

超 カンタンフレーズワイド 🎵104

フランス語の文をちょっとずつ発展させましょう。

あなたは音楽が好きですか？
⬇
ヴゼメ　　ラ ミュズィック
Vous aimez la musique ?

はい。
⬇
ウィ
Oui.
肯定の答え

はい、私は歌うのが好きです。
⬇
ウィ　　ジェム　　シャンテ
Oui, j'aime chanter.
肯定の答え｜主語｜動詞｜動詞の原形

注：ジェム
j'aime+ 動詞の原形で「～するのが好きである」という意味になります。

はい、私はカラオケで歌うのが好きです。
⬇
ウィ　　ジェム　　シャンテ　　オ　　カラオケ
Oui, j'aime chanter au karaoké.
肯定の答え｜主語｜動詞｜動詞の原形｜前置詞｜場所の名詞

手で覚えるフランス語！

単語チェック　[読んで書いて覚えましょう！]

次の語句を実際に発音しながら正確に書き写しましょう。読み方もカタカナで書きましょう。

① 旅行する
　　ヴォワヤジェ
　　voyager

② 映画館に行く
　　アレ　オ　スィネマ
　　aller au cinéma

③ 美術館をめぐる
　　ヴィズィテ　レ　ミュゼ
　　visiter les musées

語順チェック　[読んで書いて覚えましょう！]

次の語を正しい語順に並び替えましょう。読みのルールを思い出しながらフレーズを読んでみましょう。注：文頭の語も小文字で始まっています。

①「私は旅行するのが大好きです。」注：副詞は動詞の原形の前に置きます。

beaucoup, j'aime, voyager

②「私は映画を見に行くのが好きです。」

j'aime, cinéma, au, aller

③「私は美術館めぐりが好きです。」

musées, les, visiter, j'aime

解答：
① ジェム　ボク　ヴォワヤジェ
J'aime beaucoup voyager.　② ジェム　アレ　オ　スィネマ
J'aime aller au cinéma.
③ ジェム　ヴィズィテ　レ　ミュゼ
J'aime visiter les musées.

125

3 私は歌がうまいです。

私は〜します。　Je 〜e / 第1群規則動詞の構文　105

超 カンタン文型

9　主語 ＋ ―e ＋ 目的語

ポイントは

Je ―e

aimer 以外の第1群規則動詞（―er 動詞）もここで勉強しておきましょう。いろいろな動詞がありますので、文の形もさまざまです。今の段階では、主語―動詞 と 主語―動詞―目的語 の2つの形を押さえておけば十分です。
主語は Je「私は」で―er 動詞は―e という語尾活用になります。

超 カンタンフレーズ

私は歌がうまいです。

−e

ジュ　シャントゥ　ビヤン
Je chante bien.
私は　　歌う　　うまく

注：chante の原形は chanter「歌う」です。
（シャントゥ／シャンテ）

私はテレビを見ています。

−e

ジュ　ルガルドゥ　ラ　テレヴィズィヨン
Je regarde la télévision.
私は　　見る　　　　テレビ

注：regarde の原形は regarder「見る」です。
（ルガルドゥ／ルガルデ）

私は私のバッグを探してます。

−e

ジュ　シェルシュ　モン　サック
Je cherche mon sac.
私は　　探す　　私の　バッグ

注：cherche の原形は chercher「探す」です。mon は「私の」を表す所有形容詞です。p.40 を参照してください。
（シェルシュ／シェルシェ）

127

超 カンタンフレーズワイド 🎧 106

フランス語の文をちょっとずつ発展させましょう。

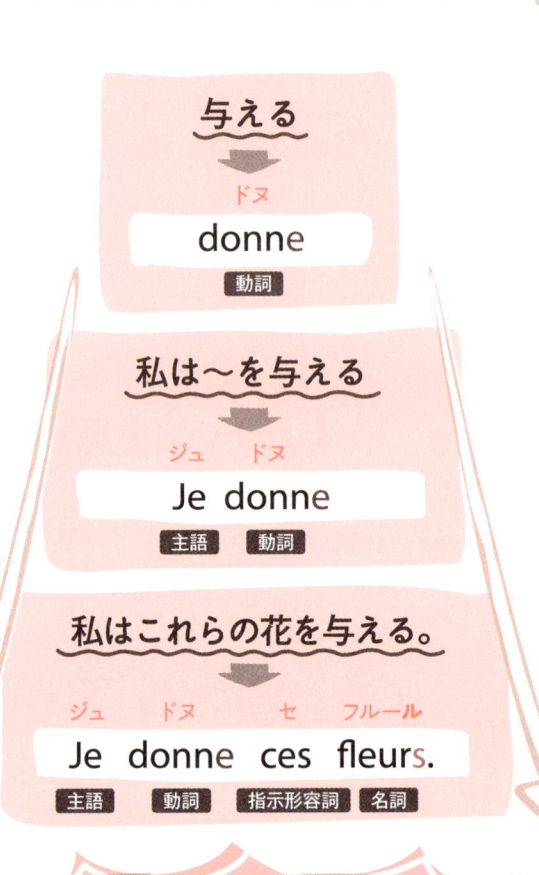

与える
→ ドヌ
donne
[動詞]

私は〜を与える
→ ジュ ドヌ
Je donne
[主語] [動詞]

私はこれらの花を与える。
→ ジュ ドヌ セ フルール
Je donne ces fleurs.
[主語] [動詞] [指示形容詞] [名詞]

私はこれらの花をマリーにあげます。
→ ジュ ドヌ セ フルール ア マリー
Je donne ces fleurs à Marie.
[主語] [動詞] [指示有形容詞] [名詞] [前置詞] [人物名]

注：donne（ドヌ）の原形は donner（ドネ）「与える」です。

128

手で覚えるフランス語！

単語チェック　[読んで書いて覚えましょう！]

次の語句を実際に発音しながら正確に書き写しましょう。読み方もカタカナで書きましょう。注：p.38 の指示形容詞を参考にしてください。

① この指輪
　　セットゥ　バーグ
　　cette bague

② このプレゼント
　　ス　カドー
　　ce cadeau

③ このパソコン
　　セットルディナトゥール
　　cet ordinateur

語順チェック　[読んで書いて覚えましょう！]

次の語を正しい語順に並び替えましょう。読みのルールを思い出しながらフレーズを読んでみましょう。注：文頭の語も小文字で始まっています。

①「私はこの指輪をマリーにあげます。」

je, cette bague, donne, à Marie

②「私はこのプレゼントをマリーにあげます。」

donne, ce, je, cadeau, à Marie

③「私はこのパソコンをマリーにあげます。」

je, ordinateur, donne, Marie, à, cet

解答：① ジュ　ドンヌ　セットゥ　バーグ　ア　マリー
　　　 Je donne cette bague à Marie.　② ジュ　ドンヌ　ス　カドー　ア　マリー
Je donne ce cadeau à Marie.
　　　③ ジュ　ドンヌ　セットルディナトゥール　ア　マリー
Je donne cet ordinateur à Marie.

前置詞 アルファ ①

ここでは、フランス語のなかで最も重要な前置詞を2つ紹介します。

à （ア）　場所や時間などを表します。

Je suis à Paris. （ジュスュイア パリ）
私はパリにいます。

de （ドゥ）　出発点や所有などを表します。

Je suis de Paris. （ジュスュイドゥパリ）
私はパリ出身です。

注：de は、後ろに母音あるいは無音の h で始まる語が続くときは d' とエリズィヨンします。

この à と de は、定冠詞 le と les が後ろに続く場合、それぞれを結びつけて次のように縮約されます。

$$à + le → au \quad de + le → du$$
$$à + les → aux \quad de + les → des$$

café au (à+le) lait （カフェ オ レ）
カフェオレ

musée du (de+le) Louvre （ミュゼ デュ ルーヴル）
ルーヴル美術館

pain aux (à+les) raisins （パン オ レザン）
ぶどうパン

galette des (de+les) Rois （ガレットゥ デ ロワ）
ガレット・デ・ロワ（お菓子）

超 基本動詞

日常会話でとてもよく使う4つの超基本動詞を選びました！これを覚えればフランス語の世界がグッと広がります！

超 基本動詞 4 つ

　始めたばかりでもすぐに使える 4 つの基本動詞を紹介しましょう。「超基本フレーズ」で学習した être（エートル）「～です」や avoir（アヴォワール）「～を持つ」そして第 1 群規則動詞の代表の aimer（エメ）「好きです」などと合わせて使えば、かなりフランス語の幅が広がります。楽しくなりますよ、頑張りましょう！

　まずは、4 つの動詞を活用表とともにお見せします。

parler（パルレ）話す 🎵108

je parle（ジュ パルル）私は話す	nous parlons（ヌ パルロン）私たちは話す
tu parles（テュ パルル）君は話す	vous parlez（ヴ パルレ）あなた(たち)は話す
il parle（イル パルル）彼は話す	ils parlent（イル パルル）彼らは話す
elle parle（エル パルル）彼女は話す	elles parlent（エル パルル）彼女たちは話す

manger（マンジェ）食べる 🎵109

je mange（ジュ マンジュ）私は食べる	nous mangeons（ヌ マンジョン）私たちは食べる
tu manges（テュ マンジュ）君は食べる	vous mangez（ヴ マンジェ）あなた(たち)は食べる
il mange（イル マンジュ）彼は食べる	ils mangent（イル マンジュ）彼らは食べる
elle mange（エル マンジュ）彼女は食べる	elles mangent（エル マンジュ）彼女たちは食べる

ヴィズィテ
visiter 訪れる、見学する 🔊 110

ジュ ヴィズィットゥ je visite 私は訪れる	ヌ ヴィズィトン nous visitons 私たちは訪れる
テュ ヴィズィットゥ tu visites 君は訪れる	ヴ ヴィズィテ vous visitez あなた(たち)は訪れる
イル ヴィズィットゥ il visite 彼は訪れる	イル ヴィズィットゥ ils visitent 彼らは訪れる
エル ヴィズィットゥ elle visite 彼女は訪れる	エル ヴィズィットゥ elles visitent 彼女たちは訪れる

パルレ　　マンジェ　　ヴィズィテ　　　　エメ
parler と manger と visiter は、aimer と同じ第1群規則動詞の仲間です。
　　　　　　　　マンジェ　　　　　　　　　　　　　オン
注：発音の都合上 manger は nous の語尾活用の ons の前に e が入ります。

最後によく使われる便利な不規則動詞を1つ。

プランドル
prendre とる、買う、乗る、食べる、飲む 🔊 111

ジュ プラン je prends 私は〜をとる	ヌ プルノン nous prenons 私たちは〜をとる
テュ プラン tu prends 君は〜をとる	ヴ プルネ vous prenez あなた(たち)は〜をとる
イル プラン il prend 彼は〜をとる	イル プレンヌ ils prennent 彼らは〜をとる
エル プラン elle prend 彼女は〜をとる	エル プレンヌ elles prennent 彼女たちは〜をとる

1 私はフランス語を話します。

私は〜を話します。 　Je parle/parler の構文　🔊112
　　　　　　　　　　ジュ　パルル　　パルレ

超 カンタン文型

主語 ＋ **parle**（パルル） ＋ 目的語（言語名）

ポイントは

Je parle
（ジュ　パルル）

parler（パルレ）は「話す」という意味です。単独でも目的語（言語の名詞）を伴っても使うことができます。ここでは、自分が何語を話すことができるのかを言ってみましょう。

主語は Je（ジュ）「私は」で、それに合わせて parler（パルレ）は parle（パルル）「〜を話す」と活用します。

注：「〜を話すことができる」という意味合いも parler（パルレ）「〜を話す」に含まれます。

134

超カンタンフレーズ

parle (パルル)

私はフランス語を話します。

Je parle français.
(ジュ パルル フランセ)
私は 話す フランス語

parle (パルル)

私は日本語を話します。

Je parle japonais.
(ジュ パルル ジャポネ)
私は 話す 日本語

parle (パルル)

私は英語を話します。

Je parle anglais.
(ジュ パルル アングレ)
私は 話す 英語

注：parler（パルレ）＋言語の名詞の場合は、名詞の前の冠詞を省くことが多いです。

超 カンタンフレーズワイド 🎧113

フランス語の文をちょっとずつ発展させましょう。

話す
↓
パルル
parle
[動詞]

私は話す。
↓
ジュ　パルル
Je parle.
[主語] [動詞]

私は中国語を話します。
↓
ジュ　パルル　シノワ
Je parle chinois.
[主語] [動詞] [目的語（言語名）]

私は中国語を話すのがうまいです。
↓
ジュ　パルル　ビヤン　シノワ
Je parle bien chinois.
[主語] [動詞] [副詞] [目的語（言語名）]

手で覚えるフランス語！

単語チェック　[読んで書いて覚えましょう！]

次の語句を実際に発音しながら正確に書き写しましょう。読み方もカタカナで書きましょう。

① 韓国語　　　コレアン
　　　　　　　coréen

② 大声で　　　フォール
　　　　　　　fort

③ レナと一緒に　アヴェック　レナ
　　　　　　　avec Léna

語順チェック　[読んで書いて覚えましょう！]

次の語を正しい語順に並べ替え、読みのルールを思い出しながらフレーズを読んでみましょう。注：文頭の語も小文字で始まっています。

① 「私は韓国語を話すのがうまいです。」

je, parle, coréen, bien

② 「私は大声で話しません。」

parle, je, pas, ne, fort

③ 「私はレナと話します。」

avec, Léna, parle, je

解答：① ジュ パルル ビヤン コレアン　　② ジュ ヌ パルル パ フォール　　③ ジュ パルル アヴェック レナ
　　　Je parle bien coréen.　　Je ne parle pas fort.　　Je parle avec Léna.

137

2 あなたはフランス語を話しますか？

あなたは〜を話しますか？　Vous parlez/parler の構文
ヴ　　　　パルレ　　　　パルレ

🎧 114

超 カンタン文型

🎵 主語 ＋ **parlez** ＋ 目的語（言語名）？
　　　　　　パルレ

ポイントは

Vous parlez 〜？
ヴ　　　　パルレ

parler は目的語に言語の名詞を伴って、「〜語を話す」という意味になりますね。ここでは、相手が何語を話すことができるのかを聞いてみましょう。
主語は Vous「あなたは」で、parler は parlez「〜を話す」となります。

注：「〜を話すことができる」という意味合いも parler「〜を話す」に含まれます。

138

超 カンタンフレーズ

あなたはフランス語を話しますか？

parlez (パルレ)

Vous parlez français ?
ヴ　　パルレ　　フランセ
あなたは　話す　フランス語

あなたは日本語を話しますか？

parlez (パルレ)

Vous parlez japonais ?
ヴ　　パルレ　　ジャポネ
あなたは　話す　日本語

あなたは英語を話しますか？

parlez (パルレ)

Vous parlez anglais ?
ヴ　　パルレ　　アングレ
あなたは　話す　英語

超 カンタンフレーズワイド 🎧 115

フランス語の文をちょっとずつ発展させましょう。

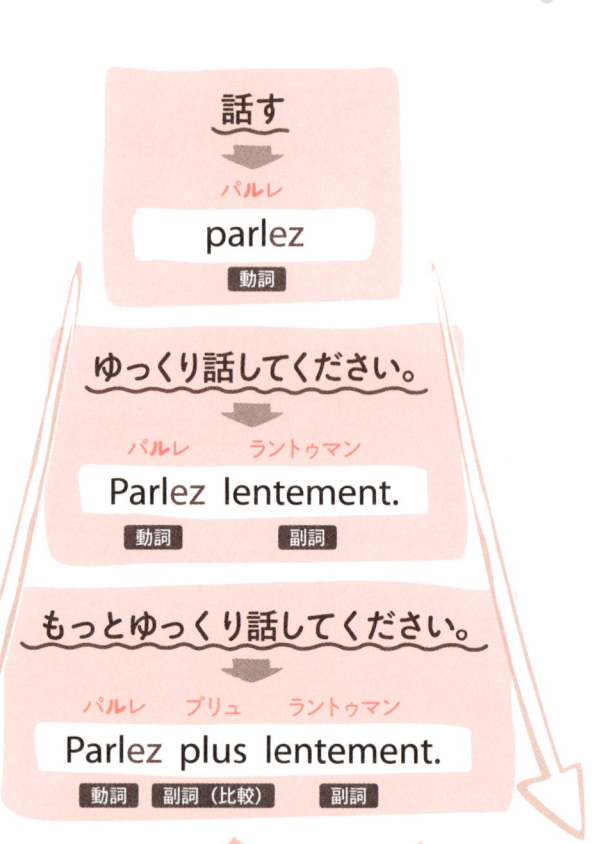

話す
→
パルレ
parlez
[動詞]

ゆっくり話してください。
→
パルレ　　ラントゥマン
Parlez lentement.
[動詞]　　[副詞]

もっとゆっくり話してください。
→
パルレ　プリュ　ラントゥマン
Parlez plus lentement.
[動詞][副詞（比較）][副詞]

どうかもっとゆっくり話してください。
→
パルレ　プリュ　ラントゥマン　スィル　ヴ　プレ
Parlez plus lentement, s'il vous plaît.
[動詞][副詞（比較）][副詞][お願いの表現（p.64 参照）]

注：相手を表す主語の vous を省くと命令文になります。お願いするときに使います。

140

手で覚えるフランス語！

単語チェック [読んで書いて覚えましょう！]

次の語句を実際に発音しながら正確に書き写しましょう。読み方もカタカナで書きましょう。

① もっと大声で　　　プリュ フォール
　　　　　　　　　　plus fort

② もっと早く　　　　プリュ ヴィットゥ
　　　　　　　　　　plus vite

③ 日本語　　　　　　ジャポネ
　　　　　　　　　　japonais

語順チェック [読んで書いて覚えましょう！]

次の語を正しい語順に並び替え、読みのルールを思い出しながらフレーズを読んでみましょう。注：文頭の語も小文字で始まっています。依頼の命令文なので主語のvousは省きます。s'il vous plaît をつけてより丁寧に。

① 「どうかもっと大きな声で話してください。」

s'il vous plaît, parlez, fort,, plus

② 「どうかもっと早く話してください。」

vite,, plus, parlez, s'il vous plaît

③ 「日本語で話してください。」

japonais,, parlez, s'il vous plaît

解答：① Parlez plus fort, s'il vous plaît.　② Parlez plus vite, s'il vous plaît.
　　　③ Parlez japonais, s'il vous plaît.

141

3 私はパンを食べます。

私は〜を食べます。　Je mange/manger の構文
　　　　　　　　　　(ジュ　マンジュ　マンジェ)

.116

超 カンタン文型

主語 ＋ **mange**(マンジュ) ＋ 目的語

ポイントは

Je mange
(ジュ　マンジュ)

manger(マンジェ)は「食べる」という意味の動詞です。単独で使う場合は「食事をする」ということを表します。目的語を伴うときは、目的語の名詞そのものを具体的に指すので、不定冠詞あるいは部分冠詞を用います。ここでは、自分が何を食べるのかを表現してみましょう。
主語は Je(ジュ)「私は」で、それに合わせて manger(マンジェ) は mange(マンジュ)「〜を食べる」となります。

注：不定冠詞と部分冠詞は p.35 と p.36 を参照してください。

142

超カンタンフレーズ

私はパンを食べます。

マンジュ
mange

ジュ　マンジュ　デュ　パン
Je mange du pain.
私は　食べる　　パン

私はアイスクリームを食べます。

マンジュ
mange

ジュ　マンジュ　ドゥ ラ　グラス
Je mange de la glace.
私は　食べる　　アイスクリーム

私はパスタを食べます。

マンジュ
mange

ジュ　マンジュ　デ　パットゥ
Je mange des pâtes.
私は　食べる　　パスタ

注：du と de la は部分冠詞でいくらかの量を、des は不定冠詞で複数を示します。パスタは複数扱いです。

143

超 カンタンフレーズワイド 🔊 117

フランス語の文をちょっとずつ発展させましょう。

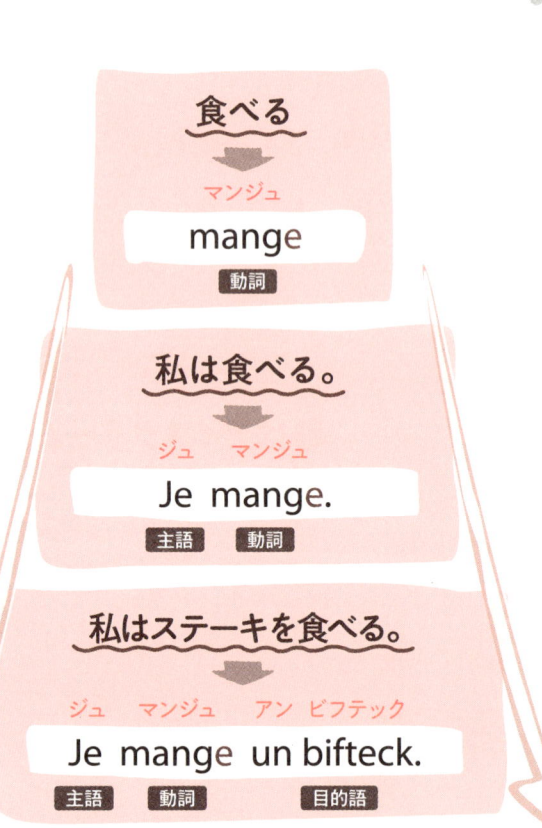

食べる
⬇
マンジュ
mange
[動詞]

私は食べる。
⬇
ジュ　マンジュ
Je mange.
[主語][動詞]

私はステーキを食べる。
⬇
ジュ　マンジュ　アン　ビフテック
Je mange un bifteck.
[主語][動詞][目的語]

私はお昼にステーキを食べる。
⬇
ジュ　マンジュ　アン　ビフテック　ア　ミディ
Je mange un bifteck à midi.
[主語][動詞][目的語][時の表現]

手で覚えるフランス語！

単語チェック ［読んで書いて覚えましょう！］

次の語句を実際に発音しながら正確に書き写しましょう。読み方もカタカナで書きましょう。

① とてもおいしく　　→　トレ　ビヤン
très bien

② このレストランで　→　ダン　ス　レストラン
dans ce restaurant

③ ニース風サラダ1人前　→　ユヌ　サラドゥ　ニソワーズ
une salade niçoise

語順チェック ［読んで書いて覚えましょう！］

次の語を正しい語順に並び替え、読みのルールを思い出しながらフレーズを読んでみましょう。注：文頭の語も小文字で始まっています。

① 「私はとてもおいしく（食事を）いただいています。」

bien, je, mange, très →

② 「私はこのレストランで食事をします。」

mange, je, ce restaurant, dans →

③ 「私はお昼にニース風サラダを食べます。」

à midi, une, niçoise, salade, mange, je →

解答：① ジュ マンジュ トレ ビヤン　Je mange très bien.　② ジュ マンジュ ダン ス レストラン　Je mange dans ce restaurant.
③ ジュ マンジュ ユヌ サラドゥ ニソワーズ ア ミディ　Je mange une salade niçoise à midi.

4 私はピカソ美術館に行きます。(を訪れます。)

私は〜を訪れます。　**Je visite/visiter** の構文
ジュ ヴィズィットゥ　ヴィズィテ

.118

超カンタン文型

主語 ＋ **visite**(ヴィズィットゥ) ＋ 目的語（場所・建物）

ポイントは

Je visite
ジュ　ヴィズィットゥ

visiter(ヴィズィテ) は「訪れる」という意味ですが、常に「見学する」というニュアンスが含まれます。そのため、目的語は場所や建物になります。「人を訪問する」と表現するときには、rendre visite à(ランドル ヴィズィットゥ ア)+ 人などの言い回しを使います。ここでは、観光で行ってみたい場所を表現してみましょう。
主語は Je(ジュ)「私は」で、それに合わせて visiter(ヴィズィテ) は visite(ヴィズィットゥ)「〜を訪れる」と活用します。

超 カンタンフレーズ

ヴィズィットゥ
visite

私はピカソ美術館に行きます。
（私はピカソ美術館を訪れます。）

ジュ ヴィズィットゥ ル　ミュゼ　　ピカソ
Je visite le musée Picasso.
私は 訪れる　　　　ピカソ美術館

ヴィズィットゥ
visite

私はオルセー美術館に行きます。
（私はオルセー美術館を訪れます。）

ジュ ヴィズィットゥ ル　ミュゼ　　ドルセー
Je visite le musée d'Orsay.
私は 訪れる　　　　オルセー美術館

ヴィズィットゥ
visite

私はパリに行きます。
（私はパリを訪れます。）

ジュ ヴィズィットゥ　パリ
Je visite Paris.
私は 訪れる　パリ

注：パリ Paris の場合は、都市名なので冠詞がつきません。

超カンタンフレーズワイド 🔊119

フランス語の文をちょっとずつ発展させましょう。

訪れる
→
ヴィズィットゥ
visite
[動詞]

私は訪れる
→
ジュ ヴィズィットゥ
Je visite
[主語] [動詞]

私はエッフェル塔を訪れます。
→
ジュ ヴィズィットゥ ラ トゥーレッフェル
Je visite la tour Eiffel.
[主語] [動詞] [目的語（建物）]

今朝、私はエッフェル塔を訪れます。
→
ス マタン ジュ ヴィズィットゥ ラ トゥーレッフェル
Ce matin, je visite la tour Eiffel.
[時の表現] [主語] [動詞] [目的語（建物）]

手で覚えるフランス語！

単語チェック [読んで書いて覚えましょう！]

次の語句を実際に発音しながら正確に書き写しましょう。読み方もカタカナで書きましょう。

① 今日

オジュルデュイ
aujourd'hui

② 今晩

ス ソワール
ce soir

注：ce は指示形容詞です。p.38 参照

③ 今日の午後

セッタプレ ミディ
cet après-midi

注：cet は指示形容詞です。p.38 参照

語順チェック [読んで書いて覚えましょう！]

次の語を正しい語順に並び替え、読みのルールを思い出しながらフレーズを読んでみましょう。注：文頭の語も小文字で始まっています。

①「今日、私は大阪を訪れます。」

aujourd'hui,, Osaka, visite, je

②「今晩、私はエッフェル塔を訪れます。」

ce, je, soir,, la tour Eiffel, visite

③「今日の午後、私はオペラ座を訪れます。」

l'Opéra, visite, après-midi,, cet, je

解答： ① オジュルデュイ ジュ ヴィズィットゥ オサカ
Aujourd'hui, je visite Osaka.　② ス ソワール ジュ ヴィズィットゥ ラ トゥーレフェッル
Ce soir, je visite la tour Eiffel.
③ セッタプレ ミディ ジュ ヴィズィットゥ ロペラ
Cet après-midi, je visite l'Opéra.

5 私はこれを買います。

私は〜を買います。　Je prends/prendre の構文
（ジュ　プラン　プランドル）

超 カンタン文型

主語 ＋ **prends**（プラン） ＋ 目的語

ポイントは

Je prends
（ジュ　プラン）

不規則動詞の prendre（プランドル）はさまざまな意味を持つとても便利な動詞です。「とる」「買う」「食べる」「飲む」「注文する」「乗る」などで、英語の take と同じように使います。目的語によって使い分けましょう。ここでは、いろいろ試してみましょう。
主語は Je（ジュ）「私は」で、それに合わせて prendre（プランドル）は prends（プラン）と活用します。

超 カンタンフレーズ

prends (プラン)

私はこれを買います。

Je prends ça.
(ジュ プラン サ)
私は　買う　これ

注：指示代名詞の ça「これ」を目的語として使っています。指示代名詞は p.56 を参照してください。

prends (プラン)

私は朝食をとります。

Je prends le petit déjeuner.
(ジュ プラン ル プティ デジュネ)
私は　とる　　　　朝食

prends (プラン)

私はタクシーに乗ります。

Je prends un taxi.
(ジュ プラン アン タクスィ)
私は　乗る　　タクシー

注：「タクシーに乗る」場合は、不定冠詞の un（アン）を使います。

151

超 カンタンフレーズワイド

フランス語の文をちょっとずつ発展させましょう。

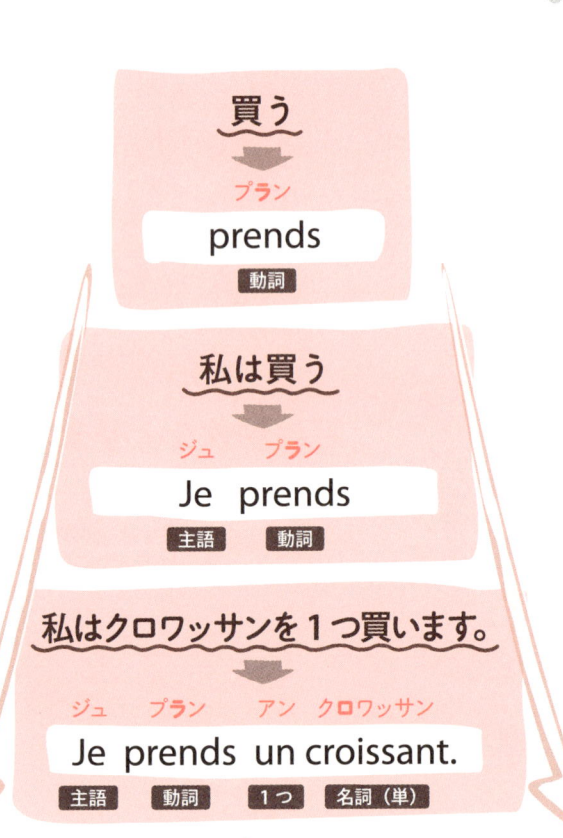

買う
→
プラン
prends
[動詞]

私は買う
→
ジュ　プラン
Je prends
[主語] [動詞]

私はクロワッサンを1つ買います。
→
ジュ　プラン　アン　クロワッサン
Je prends un croissant.
[主語] [動詞] [1つ] [名詞（単）]

私はクロワッサンを2つ買います。
→
ジュ　プラン　ドゥー　クロワッサン
Je prends deux croissants.
[主語] [動詞] [2つ] [名詞（複）]

手で覚えるフランス語！

単語チェック [読んで書いて覚えましょう！]

次の語句を実際に発音しながら正確に書き写しましょう。読み方もカタカナで書きましょう。注：数字は p.43 を参照してください。

① 3つのクロワッサン → トロワ　クロワッサン　trois croissants

② 4人分のコーヒー → カトル　カフェ　quatre cafés

③ 1本のフランスパン → ユヌ　バゲットゥ　une baguette

語順チェック [読んで書いて覚えましょう！]

次の語を正しい語順に並び替え、読みのルールを思い出しながらフレーズを読んでみましょう。注：文頭の語も小文字で始まっています。

①「クロワッサン3つ買い（お願いし）ます。」

> trois, prends, croissants, je

②「コーヒー4つお願い（注文）します。」

> cafés, je, prends, quatre

③「フランスパン1本買い（お願いし）ます。」

> une, baguette, prends, je

解答： ① ジュ プラン トロワ クロワッサン　Je prends trois croissants.　② ジュ プラン カトル カフェ　Je prends quatre cafés.
③ ジュ プラン ユヌ バゲットゥ　Je prends une baguette.

6 あなたはデザートを食べますか？

あなたは〜を食べますか？　Vous prenez/prendre の構文
（ヴ　プルネ　プランドル）

🔊 122

超 カンタン文型

9　主語 ＋ **prenez**（プルネ） ＋ 目的語 ？

ポイントは

Vous prenez 〜 ?
（ヴ　プルネ）

ケーキ食べる？

不規則動詞の prendre（プランドル）は、「とる」「買う」「食べる」「飲む」「注文する」「乗る」などの意味を持つ動詞でしたよね。目的語によって使い分けます。ここでは、相手にいろいろ聞いてみましょう
主語は Vous（ヴ）「あなたは」で、prendre（プランドル）は prenez（プルネ）となります。

超カンタンフレーズ

あなたはデザートを食べますか？

プルネ
prenez

ヴ　プルネ　アン　デセール
Vous prenez un dessert ?
あなたは　食べる　　　デザート

あなたは地下鉄に乗りますか？

プルネ
prenez

ヴ　プルネ　ル　メトロ
Vous prenez le métro ?
あなたは　乗る　地下鉄

注：「地下鉄、電車、飛行機などに乗る」場合は定冠詞 le あるいは l' を使います。

あなたは傘を持ちますか？

プルネ
prenez

ヴ　プルネ　ヴォトル　パラプリュイ
Vous prenez votre parapluie ?
あなたは　持つ　あなたの　傘

155

超カンタンフレーズワイド 🎧123

フランス語の文をちょっとずつ発展させましょう。

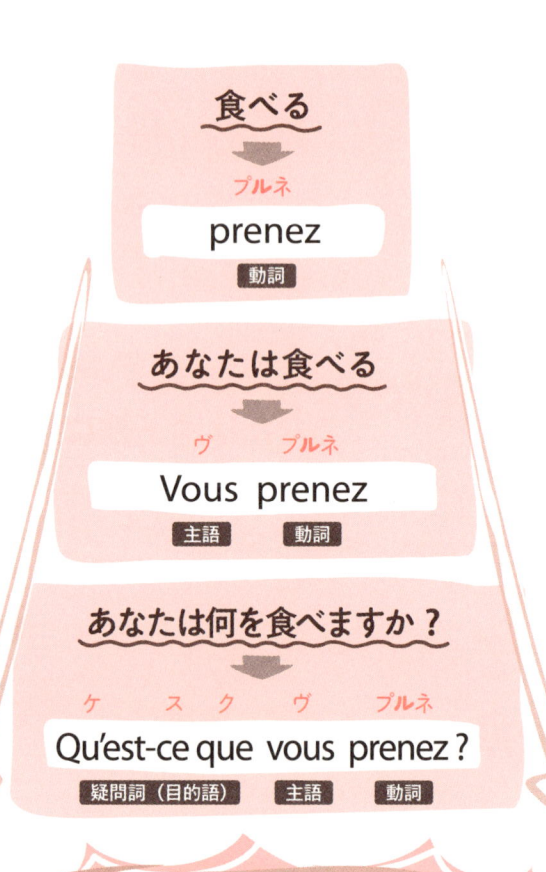

食べる

⬇

プルネ

prenez

[動詞]

あなたは食べる

⬇

ヴ　プルネ

Vous prenez

[主語] [動詞]

あなたは何を食べますか？

⬇

ケ　ス　ク　ヴ　プルネ

Qu'est-ce que vous prenez ?

[疑問詞（目的語）] [主語] [動詞]

あなたはデザートに何を食べますか？

⬇

ケ　ス　ク　ヴ　プルネ　コム　デセール

Qu'est-ce que vous prenez comme dessert ?

[疑問詞（目的語）] [主語] [動詞] [接続詞＋名詞]

注：qu'est-ce que（ケ ス ク）は「何を？」を意味する疑問詞です。p.71 を参照してください。

手で覚えるフランス語！

単語チェック ［読んで書いて覚えましょう！］

次の語句を実際に発音しながら正確に書き写しましょう。読み方もカタカナで書きましょう。

① 飲み物として　　　コム　ボワソン
　　　　　　　　　　comme boisson ▶

② メイン料理として　コム　プラ
　　　　　　　　　　comme plat ▶

③ 鶏の赤ワイン煮　　アン　コッコ　ヴァン
　　　　　　　　　　un coq au vin ▶

語順チェック ［読んで書いて覚えましょう！］

次の語を正しい語順に並び替え、読みのルールを思い出しながらフレーズを読んでみましょう。注：①②の文頭は「何を」を表す疑問詞の Qu'est-ce que（ケスク）で始まります。③では文頭の語も小文字で始まっています。

① 「飲み物に何を飲みますか？」

vous, comme, prenez, boisson ▶ Qu'est-ce que　　　　　　　　？

② 「メインに何を食べますか？」

prenez, plat, comme, vous ▶ Qu'est-ce que　　　　　　　　？

③ 「鶏の赤ワイン煮を食べます。」

je, coq au vin, prends, un ▶

解答：① Qu'est-ce que vous prenez comme boisson ?
（ケ　ス　ク　ヴ　プルネ　コム　ボワソン）
② Qu'est-ce que vous prenez comme plat ?
（ケ　ス　ク　ヴ　プルネ　コム　プラ）
③ Je prends un coq au vin.
（ジュ　プラン　アン　コッコ　ヴァン）

157

7 お水をください。(欲しいです。)

私は〜が欲しいです。　Je voudrais/vouloir の構文＝丁寧な言い方
（ジュ　ヴドレ　　ヴロワール）

超 カンタン文型

♪ 主語 ＋ **voudrais**（ヴドレ） ＋ 目的語（名詞）

♪ 主語 ＋ **voudrais**（ヴドレ） ＋ 動詞の原形

ポイントは

Je voudrais
（ジュ　ヴドレ）

vouloir（ヴロワール）は「欲する」という意味の不規則動詞です。英語のwantに相当します。後ろに目的語がきて「〜が欲しい」で、動詞の原形がくれば「〜したい」となります。ここでは、「超基本動詞」の補足として丁寧な言い方のみを勉強します。この言い方で頼めば、相手は快くOKしてくれますよ。
主語はJe（ジュ）「私は」でvouloir（ヴロワール）はvoudrais（ヴドレ）という丁寧な言い方の特殊な活用形になります。

注：丁寧な言い方のみですので、vouloir（ヴロワール）全体の活用表は省きます。

超 カンタンフレーズ

voudrais (ヴドレ)

お水をください。
（私はお水が欲しいです。）

Je voudrais de l'eau.
ジュ ヴドレ ドゥ ロ
私は 欲しいです　　水

voudrais (ヴドレ)

コーヒーをください。
（私はコーヒーが欲しいです。）

Je voudrais du café.
ジュ ヴドレ デュ カフェ
私は 欲しいです　コーヒー

voudrais (ヴドレ)

私はコーヒーを飲みたいです。

Je voudrais prendre du café.
ジュ ヴドレ プランドル デュ カフェ
私は 〜したいです　飲む　コーヒー

159

超 カンタンフレーズワイド 125

フランス語の文をちょっとずつ発展させましょう。

欲しいです

ヴドレ
voudrais
動詞

私は〜を欲しいです

ジュ　ヴドレ
Je voudrais
主語　動詞

私は〜を試したいです

ジュ　ヴドレ　エセイエ
Je voudrais essayer
主語　助動詞　動詞の原形

私はこのスカートを試着したいです。

ジュ　ヴドレ　エセイエ　セットゥ ジュップ
Je voudrais essayer cette jupe.
主語　助動詞　動詞の原形　目的語（名詞）

手で覚えるフランス語！

単語チェック ［読んで書いて覚えましょう！］

次の語句を実際に発音しながら正確に書き写しましょう。読み方もカタカナで書きましょう。

① レナと一緒に　　　　アヴェック　レナ
　　　　　　　　　　　avec Léna

② ルーヴル美術館　　　ル　ミュゼ　デュ　ルーヴル
　　　　　　　　　　　le musée du Louvre

③ このハンドバッグ　　ス　サック
　　　　　　　　　　　ce sac

語順チェック ［読んで書いて覚えましょう！］

次の語を正しい語順に並び替えましょう。読みのルールを思い出しながらフレーズを読んでみましょう。注：文頭の語も小文字で始まっています。

① 「レナとお話がしたいです。」

voudrais, je, avec Léna, parler

② 「ルーヴル美術館に行きたいです。」

visiter, je, le musée du Louvre, voudrais

③ 「このハンドバッグを買いたいです。」

prendre, voudrais, je, sac, ce

解答：① ジュ　ヴドレ　パルレ　アヴェック　レナ
　　　　Je voudrais parler avec Léna.　② ジュ　ヴドレ　ヴィズィテ　ル　ミュゼ　デュ　ルーヴル
Je voudrais visiter le musée du Louvre.
③ ジュ　ヴドレ　プランドル　ス　サック
Je voudrais prendre ce sac.

161

前置詞 プラスアルファ ❷ 🔘 126

ここでは、場所を表す前置詞をイラストとともに紹介します。

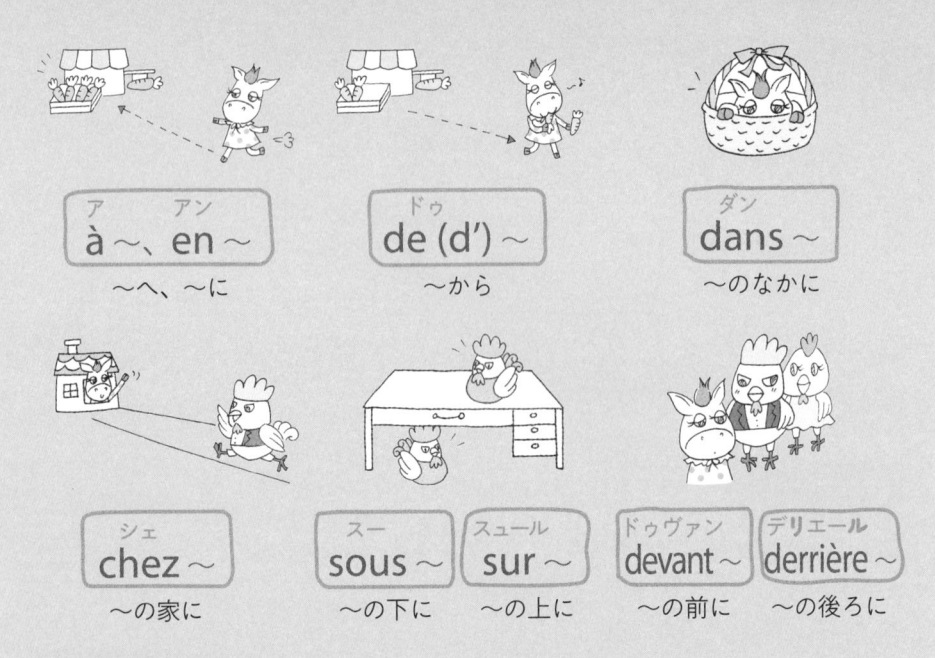

ア　アン
à〜、en〜
〜へ、〜に

ドゥ
de (d')〜
〜から

ダン
dans〜
〜のなかに

シェ
chez〜
〜の家に

スー
sous〜
〜の下に

スュール
sur〜
〜の上に

ドゥヴァン
devant〜
〜の前に

デリエール
derrière〜
〜の後ろに

前置詞と国名

場所を表す前置詞の à、de、en の3つは、後ろにくる国名によって次のように使い分けます。前置詞プラスアルファ①（p.130）も参照してください。

オ au ＋男性単数名詞の国	**オ　ジャポン** au Japon 日本へ	**デュ** du ＋男性単数名詞の国	**デュ ジャポン** du Japon 日本から
アン en ＋女性単数名詞の国	**アン フランス** en France フランスへ	**ドゥ** de ＋女性単数名詞の国	**ドゥ フランス** de France フランスから
オ aux ＋複数名詞の国	**オゼタズュニ** aux États-Unis アメリカへ	**デ** des ＋複数名詞の国	**デゼタズュニ** des États-Unis アメリカから

注：**ア パリ**　**ドゥ パリ**
à Paris「パリに」/ de Paris「パリから」は都市名とともに使う場合です。

超 基本会話

今まで覚えた表現を思い出しながら、実際にフランスに行ったつもりで会話してみましょう！

1 こんにちは

あなた: Bonjour.
こんにちは

フランソワーズ: Bonjour. Vous êtes japonaise ?
こんにちは　あなたは　〜です　日本の

あなた: Oui, je suis japonaise.　Je m'appelle Léna.
はい　私は〜です　日本の　　　　私は〜という名前である　レナ

フランソワーズ: Moi, je m'appelle Françoise. Enchantée.*
私　私は〜という名前である　フランソワーズ　　はじめまして

あなた: Moi aussi, je suis enchantée de faire votre connaissance.
私　も　私は〜です　うれしい　　〜する　あなたの　知り合い

（訳）
あなた：こんにちは。
フランソワーズ：こんにちは。あなたは日本人ですか？
あなた：はい、私は日本人です。レナといいます。
フランソワーズ：私はフランソワーズといいます。はじめまして。
あなた：私も、お知り合いになれてうれしいです。
＊ enchanté(e) は、Je suis enchanté(e) de faire votre connaissance. の短縮形として単独でも使います。

2 どこに住んでいますか？

Où habitez-vous au Japon ?
ウ アビテ ヴ オ ジャポン
どこに 住む あなたは 〜で 日本

J'habite à Tokyo.
ジャビタ トキョ
私は 住む 〜に 東京

Vous habitez seule ?
ヴザビテ スール
あなたは 住む ひとりで

Non, avec ma famille.
ノン アヴェック マ ファミーユ
いいえ 〜と一緒に 私の 家族

Vous êtes combien chez vous ?
ヴゼットゥ コンビヤン シェ ヴ
あなたたちは 〜です 何人 〜の家で あなたたち

Nous sommes quatre. Mon père, ma mère,
ヌ ソム カトル モン ペール マ メール
私たちは 〜です 4 私の 父 私の 母

mon grand frère et moi.
モン グラン フレール エ モワ
私の 大きい 兄弟 と 私

（訳）
フランソワーズ：あなたは日本のどこに住んでいますか？
あなた：私は東京に住んでいます。
フランソワーズ：ひとり暮らしですか？
あなた：いいえ、家族と一緒です。
フランソワーズ：何人家族ですか？
あなた：4人家族です。父と母、兄そして私です。

3 自己紹介

🔊 129

Bonjour à tous.
ボンジューラ トゥース
こんにちは 〜へ みなさん

Je m'appelle Léna Tanaka.
ジュ マペル レナ タナカ
私は 〜という名前である レナ 田中

J'habite à Tokyo.
ジャビタ トキョ
私は 住む 〜に 東京

J'aime beaucoup étudier le français. Et j'adore
ジェム ボク エテュディエ ル フランセ エ ジャドール
私は 好きです とても 勉強する フランス語 そして 私は 大好きです

aussi la cuisine française.
オスィ ラ キュイズィーヌ フランセーズ
〜も 料理 フランスの

Je suis heureuse de faire votre connaissance.[*]
ジュ スュイ ウルーズ ド フェール ヴォトル コネッサンス
私は 〜です うれしい 〜する あなたの 知り合い

(訳)
みなさん、こんにちは。
私は田中レナといいます。
私は東京に住んでいます。
私はフランス語を勉強するのがとても好きです。フランス料理も大好きです。
よろしくお願いします。

＊「知り合いになれてうれしい」ということで、日本語の「よろしくお願いします」に相当します。

4 タクシーで

🔊 130

運転手:
ボンジュール　　マドゥモワゼル　　ウ　アレ　ヴ
Bonjour mademoiselle. Où allez-vous ?
こんにちは　　マドモアゼル　　　どこに　行く　あなたは

あなた:
ボンジュール　　マダム　　ガール　ドゥ　リヨン　スィル　ヴ　プレ
Bonjour madame. Gare de Lyon, s'il vous plaît.
こんにちは　　マダム　　　　　リヨン駅　　　　　　お願いします

運転手:
ダコール
D'accord.
了解である

あなた:
マダム　　　レセ　　モワ　ラ　スィル　ヴ　プレ
Madame, laissez-moi là, s'il vous plaît.
マダム　　　残す　私を　そこ　　お願いします

運転手:
ウィ　　マドゥモワゼル　　サ　フェ　ヴァントゥーロ
Oui, mademoiselle. Ça fait vingt euros.
はい　　マドモアゼル　　それは　する　20　ユーロ

あなた:
ヴォワラ　マダム　オ ルヴォワール　ボンヌ　ジュルネ
Voilà, madame. Au revoir. Bonne journée.
あれが〜です　マダム　　さようなら　　よい　一日

運転手:
メルスィ　ア　ヴゾスィ
Merci. À vous aussi.
ありがとう　〜へ　あなた　〜も

（訳）
運転手：こんにちは、マドモアゼル。どこに行きますか？
あなた：こんにちは、マダム。リヨン駅までお願いします。
運転手：わかりました。
あなた：マダム、そこで降ろしてください。
運転手：はい、マドモアゼル。20ユーロです。
あなた：はい、どうぞ。さようなら。よい一日を。
運転手：ありがとう。あなたもね。

167

5 ホテルで

あなた: Bonjour madame. Je voudrais faire le check-in.
ボンジュール マダム ジュ ヴドレ フェール ル チェック イン
こんにちは マダム 私は 〜したいです する チェックイン

フロント: Bonjour mademoiselle. Vous avez une réservation ?
ボンジュール マドゥモワゼル ヴザヴェ ユヌ レゼルヴァスィヨン
こんにちは マドモアゼル あなたは 持つ 予約

あなた: Oui. Je m'appelle Léna Tanaka.
ウィ ジュ マペル レナ タナカ
はい 私は 〜という名前である レナ 田中

フロント: Veuillez*¹ remplir cette fiche. Voilà votre clé,
ヴィエ ランプリール セットゥ フィッシュ ヴォワラ ヴォートル クレ
〜してください 満たす この 用紙 あれが〜です あなたの 鍵

la chambre 25, au premier*² étage.
ラ シャンブル ヴァントゥ サンク オ プルミエ エタージュ
部屋 25 〜で 一番目の 階

あなた: Merci madame.
メルスィ マダム
ありがとう マダム

（訳）
あなた：こんにちは、マダム。チェックインしたいのですが。
フロント：いらっしゃいませ、マドモアゼル。ご予約はされていますか？
あなた：はい、私の名前は田中レナです。
フロント：このカードに記入してください。こちらがお客様の鍵です、25号室で2階です。
あなた：ありがとう、マダム。

＊1 veuillez は vouloir「〜したい」の vous に対する命令形。veuillez＋動詞の原形で丁寧な依頼です。
＊2 フランスの階の数え方は序数詞を使います。「1番目の階」が日本の2階に相当します。

6 銀行で

🎧 132

あなた:
ボンジュール　マダム　ジュ　ヴドレ　シャンジェ　ドゥ　ラルジャン
Bonjour madame. Je voudrais changer de l'argent.
こんにちは　マダム　私は　〜したいです　変える　　お金

銀行員:
ボンジュール　マドゥモワゼル　ウィ　ビヤン スュール
Bonjour mademoiselle. Oui, bien sûr.
こんにちは　　マドモアゼル　　はい　もちろん

あなた:
ジュ ヴェ　シャンジェ　ヴァン　ミル　イエン　アンニューロ
Je vais changer*¹ vingt mille yens en euros.
私は 行く　変える　　20,000円　　〜に ユーロ

銀行員:
アンタンデュ　　マドゥモワゼル
Entendu, mademoiselle.
承知しました　　マドモアゼル

・・・・・・・・・・・・・・・・・・・・・

ヴォワラ　マドゥモワゼル　ヴィエ　ビヤン　ヴェリフィエ
Voilà, mademoiselle. Veuillez*² bien vérifier.
あれが〜です　マドモアゼル　〜してください　よく　確かめる

（訳）
あなた：こんにちは、マダム。お金を両替したいのですが。
銀行員：こんにちは、マドモアゼル。はい、もちろんですとも。
あなた：20,000円をユーロに両替します。
銀行員：承知しました。・・・はい、どうぞ。よくお確かめください

*1 je vais changer で「変えるつもりです」という意味になります。
*2 veuillez は vouloir「〜したい」の vous に対する命令形。veuillez ＋動詞の原形で丁寧な依頼です。

169

7 ショッピング①

🎧 133

あなた: Bonjour madame. Je peux regarder ?
(ボンジュール マダム ジュ プ ルギャルデ)
こんにちは マダム 私は できる 見る

店員: Bonjour mademoiselle. Qu'est-ce que vous désirez ?
(ボンジュール マドゥモワゼル ケ ス ク ヴ デズィレ)
こんにちは マドモアゼル 何を あなたは 欲する

あなた: Je cherche une cravate pour mon copain. Il a vingt ans.
(ジュ シェルシュ ユヌ クラヴァットゥ プール モン コパン イラ ヴァンタン)
私は 探す ネクタイ ～ために 私の 男友だち 彼は持つ 20年

店員: Très bien. Cette cravate orange, par exemple ?
(トレ ビヤン セットゥ クラヴァットゥ オランジュ パレグザンプル)
とても よい この ネクタイ オレンジ色の たとえば

あなた: J'aime bien. Je prends ça.
(ジェム ビヤン ジュ プラン サ)
私は好きである よく 私は 買う それ

店員: Je vous fais un paquet-cadeau ?
(ジュ ヴ フェ アン パケ カドー)
私は あなたに する プレゼント包装

（訳）
あなた：こんにちは、マダム。（商品を）見てもいいですか？
店員：いらっしゃいませ、マドモアゼル。何をお求めですか？
あなた：彼のためのネクタイを探しています。彼は20歳です。
店員：かしこまりました。たとえば、このオレンジのネクタイはいかがですか？
あなた：気に入りました。それを買います。
店員：プレゼント包装にしますか？

8 ショッピング②

🎧 134

店員:
ボンジュール　マドゥモワゼル　ジュ　プ　ヴゼデ
Bonjour mademoiselle. Je peux vous aider ?
こんにちは　　マドモアゼル　　私は　できる　あなたを　助ける

あなた:
ボンジュール　マダム　ジュ　プ　エセイエ　セットゥ　ジュップ
Bonjour madame. Je peux essayer cette jupe ?
こんにちは　　マダム　　私は　できる　試す　この　スカート

店員:
ウィ　ビヤン スュール
Oui, bien sûr.
はい　もちろん

••••••••••••••••••••••••••••••

あなた:
エ　ヴォワラ
Et voilà.
そして あれが 〜です

店員:
サ　ヴ　ヴァ　トレ　ビヤン
Ça vous va très bien.
それは あなたに 合う とても よい

あなた:
ボン　ジュ　プラン　サ
Bon, je prends ça.
よい　私は　買う　それ

（訳）
店員：いらっしゃいませ、マドモアゼル。何かお探しですか？
あなた：こんにちは、マダム。このスカートを試着してもいいですか？
店員：はい、もちろんですとも。
あなた：(試着して) こんな感じです。
店員：とてもお似合いですよ。
あなた：それでは、これを買います。

9 レストラン①

🎧 135

ウエイトレス:
ボンソワール　マドゥモワゼル　　ヴゼットゥ　　コンビヤン
Bonsoir mademoiselle. Vous êtes combien ?
こんばんは　　マドモアゼル　　あなたたちは　〜である　何人

あなた:
ボンソワール　ヌ　　ソム　　ドゥー
Bonsoir. Nous sommes deux.
こんばんは　私たちは　〜である　2

ウエイトレス:
パーリスィ　スィル　ヴ　　プレ　　ヴォワラ　ヴォートル　ターブル
Par ici, s'il vous plaît. Voilà votre table.
通って　ここ　　　　どうぞ　　　あれが〜です　あなたたちの　テーブル

あなた:
メルスィ　マダム　　ラ　カルトゥ　スィル　ヴ　　プレ
Merci madame. La carte, s'il vous plaît.
ありがとう　マダム　　　メニュー　　　　お願いします

ウエイトレス:
アンタンデュ
Entendu.
承知しました

あなた:
ケ　ス　ク　ヴ　　ヌ　　　ルコマンデ
Qu'est-ce que vous nous recommandez ?
何を　　　　　あなたは　私たちに　　推薦する

（訳）
ウエイトレス：いらっしゃいませ、マドモアゼル。何名様ですか？
あなた：こんばんは。ふたりです。
ウエイトレス：こちらへどうぞ。ここがおふたりのテーブルです。
あなた：ありがとう。メニューをお願いします。
ウエイトレス：承知いたしました。
あなた：お薦めは何ですか？

10 レストラン②

ウエイトレス:
Qu'est-ce que vous prenez ?
ケ スク ヴ プルネ
何を あなたたちは とる

あなた:
Moi, je prends un confit de canard et une salade verte.
モワ ジュ プラン アン コンフィ ドゥ カナール エ ユヌ サラドゥ ヴェルトゥ
私 私は とる 鴨のコンフィ と サラダ 緑色の

あなたのお友だち:
Pour moi, un steak frites, s'il vous plaît.
プール モワ アン ステック フリットゥ スィル ヴ プレ
ために 私 ステーキのフライドポテト添え お願いします

ウエイトレス:
Et comme boisson ?
エ コム ボワソン
そして 〜として 飲み物

あなた:
Une bouteille de vin rouge.
ユヌ ブテイユ ドゥ ヴァン ルージュ
ボトル 〜の ワイン 赤の

ウエイトレス:
Très bien.
トレ ビヤン
とても よい

（訳）
ウエイトレス：何になさいますか？
あなた：私は鴨のコンフィとグリーンサラダにします。
あなたのお友だち：私には、ステーキのフライドポテト添えをください。
ウエイトレス：飲み物はどうなさいますか？
あなた：赤ワインをボトルで。
ウエイトレス：かしこまりました。

11 カフェで

🎧 137

ウエイトレス:
ボンジュール　ケ　ス　ク　ヴ　プルネ
Bonjour. Qu'est-ce que vous prenez ?
こんにちは　　　　何を　　　　あなたは　　とる

あなた:
アン　コカ　エ　アン　サンドウィッチ　オ　ジャンボン　スィル　ヴ　プレ
Un coca et un sandwich au jambon, s'il vous plaît.
コーラ　と　サンドイッチ　入り　ハム　　　　お願いします

ウエイトレス:
トレ　ビヤン
Très bien.
とても　よい

・・・・・・・・・・・・・・・・・・・・・・・

ウエイトレス:
ヴォワラ　マドゥモワゼル
Voilà, mademoiselle.
あれが 〜です　マドモアゼル

あなた:
メルスィ　サ　フェ　コンビヤン
Merci. Ça fait combien ?
ありがとう　それは　する　いくら

ウエイトレス:
ディズーロ　　　　ボナペティ
Dix euros. Bon appétit.
10　ユーロ　　よい　食欲

(訳)
ウエイトレス：いらっしゃいませ。何になさいますか？
あなた：コーラとハムサンドイッチをください。
ウエイトレス：かしこまりました。
ウエイトレス：お待たせしました、マドモアゼル。
あなた：ありがとう。おいくらですか？
ウエイトレス：10 ユーロです。おいしく召し上がれ。

174

単語帳

＊男 ＝ 男性名詞　女 ＝ 女性名詞　名 ＝ 男女両方ある名詞で、フランス語の（ ）内は女性形を示します。
固 ＝ 固有名詞　男複／女複は、名詞の複数形を示します。代 ＝ 代名詞
形 ＝ 形容詞で、フランス語の（ ）内は女性形を示します。動 ＝ 動詞　副 ＝ 副詞
前 ＝ 前置詞　接 ＝ 接続詞
ページは基本的に初出箇所です。また、動詞は原形を載せています。

A

à	前	〜に	86
à la carte		アラカルト	15
à la mode		流行の	17
adorer	動	大好きである	166
adresse	女	住所、アドレス	25
agenda	男	手帳	39
agnès b	個	アニエスベー	26
agrafeuse	女	ホチキス	39
agréable	形	快い	28
aider	動	助ける	171
aimer	動	好きです	116
alcool	男	酒	121
aller	動	行く、合う	125
alphabet	男	アルファベット、字母	14
ami(e)	名	友だち	27
an	男	年、歳	106
anglais	男	英語	135
animal	男	動物	17
animé(e)	形	アニメの	16
août	男	8月	45
appartement	男	アパルトマン	27
après-midi	男	午後	149
arc-en-ciel	男	虹	22
argent	男	お金	169
arrivée	女	到着	41
arrondissement	男	区	47
artiste	名	芸術家	32
atelier	男	アトリエ	18
attention	女	注意	73
aujourd'hui	副	今日	149
au revoir		さようなら	59
aussi	副	〜も	167
automne	男	秋	46
avec	前	〜と一緒に	27
avion	男	飛行機	41
avocat(e)	名	弁護士	32
avoir	動	持つ	102
avril	男	4月	45

B

bague	女	指輪	37
baguette	女	フランスパン	33
ballet	男	バレエ	18
bavarois	男	ババロワ	20
beau, belle	形	美しい	51
beaucoup	副	とても、たいへん	47
Beaujolais nouveau	固男	ボジョレ・ヌーボー	20
beige	形	ベージュの	19
besoin	男	必要	115
bien	形	よい	53
bien	副	よく、うまく、とても	59
bien sûr		もちろん	169
bière	女	ビール	33
bifteck	男	ステーキ	144
bistro	男	ビストロ	17
blanc(he)	形	白い	52
bleu(e)	形	青い	19
blouson	男	ブルゾン	37
boisson	女	飲み物	157

175

見出し	品詞	意味	ページ
bon(ne)	形	よい	51
bonjour		こんにちは	58
bonsoir		こんばんは	58
bouillon	男	ブイヨン	11
bouquet	男	花束	24
bouteille	女	ボトル	173
boutique	女	店	19
bracelet	男	ブレスレット	37
bravo		やった	66

C

見出し	品詞	意味	ページ
ça	代	これ	56
cache-cœur	男	カシュクール（ブラウス）	19
cadeau	男	プレゼント	129
café	男	コーヒー	15
café au lait	男	カフェオレ	19
calculatrice	女	電卓	39
carte	女	メニュー	172
ceinture	女	ベルト	37
chambre	女	部屋	42
Champs-Élysées	固男複	シャンゼリゼ通り	89
chance	女	幸運	26
changer	動	変える	169
chanter	動	歌う	124
chanson	女	歌	26
chat	男	ネコ	105
chaud	男	暑さ	109
chaussettes	女複	靴下	37
chaussures	女複	靴	34
check-in	男	チェックイン	168
chemise	女	ワイシャツ	52
chemisier	男	ブラウス	52
cher, chère	形	（値段が）高い	53
chercher	動	探す	127
chez	前	～の家で	76
chien	男	犬	107
chinois	男	中国語	136
chinois(e)	形	中国の	97
chocolat	男	チョコレート	76
cidre	男	シードル	34
cinéma	男	映画、映画館	23
ciseaux	男複	はさみ	39
clé	女	鍵	42
coca	男	コーラ	174
cognac	男	コニャック（酒）	26
collier	男	ネックレス	37
combien	副	いくら	44
comme	接	～として、～のように	103
concierge	名	管理人	23
concours	男	コンクール	21
confit de canard		鴨のコンフィ	173
confiture	女	ジャム	33
connaissance	女	知り合いになること	164
consommé	男	コンソメスープ	15
content(e)	形	うれしい	100
cool	形	かっこいい	53
copain, copine	名	友だち	170
coq au vin	男	鶏の赤ワイン煮	11
coréen	男	韓国語	137
coupon	男	クーポン券	19
cousin(e)	名	いとこ	31
cravate	女	ネクタイ	37
crayon	男	鉛筆	39
crème brûlée		プリン	12
crêpe	女	クレープ	15
croissant	男	クロワッサン	20
cuisine	女	料理、台所、キッチン	21
culotte	女	半ズボン	23

D

見出し	品詞	意味	ページ
d'accord		わかりました	61
dans	前	～の中に	27
de	前	～から、～の	130
début	男	初登場	23
décembre	男	12月	45
déjà-vu	男	デジャブ	24
départ	男	出発	41
derrière	前	～の後ろに	162

désirer	動 欲する	170	
désolé(e)	形 ごめんなさい	63	
dessert	男 デザート	72	
deuxième	形 2番目の	47	
devant	前 〜の前に	162	
difficile	形 難しい	53	
dimanche	男 日曜日	46	
dîner	男 夕食	17	
donner	動 与える	128	

E

eau	女 水	33
écharpe	女 マフラー	37
école	女 学校	28
égoïste	名 エゴイスト	17
élève	名 生徒	32
employé(e)	名 会社員	32
en	前 〜に	47
enchanté(e)	形 はじめまして	59
enfant	名 子ども	23
enquête	女 アンケート	18
ensemble	副 一緒に	20
entendu(e)	形 承知した	169
essai	男 随筆	20
essayer	動 試す	72
et	接 〜と、そして	56
étage	男 階	168
États-Unis	固男複 アメリカ	162
été	男 夏	46
étiquette	女 ラベル	39
être	動 〜です、いる	50
étude	女 勉強、習作、エチュード	23
étudiant(e)	名 大学生	32
étudier	動 勉強する	166
euro	男 ユーロ	44

F

faim	女 空腹	109
faire	動 〜する	164

famille	女 家族	22
fatigué(e)	形 疲れた	101
félicitations	おめでとう	66
femme	女 妻、女	31
février	男 2月	45
fiancé(e)	名 婚約者	21
fiche	女 用紙	168
fille	女 女の子、娘、少女	22
film	男 映画	121
fils	男 息子	31
fin	女 終わり	21
fleur	女 花	128
flûte	女 フルート	17
forêt	女 森	15
fort	副 大声で、強く	137
framboise	女 木いちご	21
français	男 フランス語	135
Français(e)	名 フランス人	32
français(e)	形 フランスの	85
France	固女 フランス共和国	21
frère	男 兄弟	30
froid	男 寒さ	111
fromage	男 チーズ	33

G

galette des Rois	女 ガレット・デ・ロワ（お菓子）	130
gants	男複 手袋	37
garçon	男 少年	15
gare	女 駅	167
gâteau	男 ケーキ	20
gentil(le)	形 親切な	99
gilet	男 ベスト	18
glace	女 アイスクリーム	33
gomme	女 消しゴム	39
gourmet	男 グルメ	20
grand(e)	形 大きい	51
grand-mère	女 祖母	30
grand-père	男 祖父	30

177

grand-prix	男 大賞、グランプリレース		24
grands-parents	男複 祖父母		34
gratin	男 グラタン		20
gris(e)	形 グレーの		52
guide	男 ガイド		23

H

habiter	動 住む		27
heureux(se)	形 うれしい		166
hiver	男 冬		46
homme	男 男性、人間		16
hôpital	男 病院		16
hors-d'œuvre	男 オードブル		15
hôtel	男 ホテル		17

I

imperméable	男 レインコート		37
impossible	形 不可能な		20

J

jambon	男 ハム		33
janvier	男 1月		45
Japon	固男 日本		21
japonais	男 日本語		135
Japonais(e)	名 日本人		32
japonais(e)	形 日本の		84
jardin	男 庭		42
Jean	固 ジャン（男性の名前）		55
jeudi	男 木曜日		46
jeune	形 若い		51
joli(e)	形 きれいな、かわいい		51
jour	男 日、一日		46
journaliste	名 ジャーナリスト		32
juillet	男 7月		45
juin	男 6月		45
jupe	女 スカート		37
jus d'orange	男 オレンジジュース		34

K

karaoké	男 カラオケ		124
kilo	男 キログラム		24

L

laisser	動 残す		167
lamé	男 ラメ		18
lampe	女 ランプ		20
leçon	女 課、レッスン		26
lentement	副 ゆっくり		140
libre	形 ひまな		101
limonade	女 レモンソーダ		34
liqueur	女 リキュール		34
lit	男 ベッド		42
long(ue)	形 長い		24
Luc	固 リュック（男性の名前）		76
lundi	男 月曜日		46
lunettes	女複 メガネ		34

M

macaron	男 マカロン		33
madame	女 マダム（既婚女性に対する敬称）		24
mademoiselle	女 マドモアゼル（未婚女性に対する敬称）		58
mai	男 5月		45
maison	女 一軒家、家		19
mal	男 痛み		110
manger	動 食べる		132
manteau	男 コート		19
maquillage	男 化粧		22
marcher	動 歩く		116
mardi	男 火曜日		46
mari	男 夫		31
Marie	固 マリー（女性の名前）		16
mars	男 3月		45
Marseille	固 マルセイユ（南フランスの都市名）		22

mauvais(e)	形 悪い	51	
menu	男 定食	18	
merci	ありがとう	58	
mercredi	男 水曜日	46	
mère	女 母	30	
message	男 メッセージ	26	
mètre	男 メートル	18	
métro	男 地下鉄	17	
meunière	女 ムニエル	15	
midi	男 昼食時、正午	144	
mille	形 千の	22	
monsieur	男 ムッシュー（男性に対する敬称）	58	
montage	男 モンタージュ	25	
montre	女 腕時計	37	
moto	女 オートバイ	41	
mousse	女 ムース	33	
musée	男 美術館	67	
musée d'Orsay	固男 オルセー美術館	56	
musée du Louvre	固男 ルーヴル美術館	68	
musée Picasso	固男 ピカソ美術館	93	
musique	女 音楽	119	

N

neveu	男 甥	31	
Nice	固 ニース（南フランスの都市名）	87	
nièce	女 姪	31	
Noël	男 クリスマス	15	
noir(e)	形 黒い	24	
non	いいえ	61	
nouveau, nouvelle	形 新しい	51	
novembre	男 11月	45	
nuance	女 ニュアンス	21	

O

objet	男 オブジェ	18	
occupé(e)	形 忙しい	101	
octobre	男 10月	45	
omelette	女 オムレツ	18	
oncle	男 おじ	31	
Opéra	固男 オペラ座	149	
orange	形 オレンジ色の	170	
ordinateur	男 コンピュータ	39	
ouest	男 西	22	
oui	はい	22	

P

pain	男 パン	20	
pantalon	男 ズボン	37	
paquet-cadeau	男 プレゼント包装	170	
parapluie	男 傘	37	
parasol	男 パラソル	16	
pardon	すみません	62	
parents	男複 両親	34	
par exemple	たとえば	170	
parfum	男 香水	20	
par ici	こちらへどうぞ	172	
Paris	固男 パリ	16	
parler	動 話す	132	
passeport	男 パスポート	41	
pâte	女 パスタ	143	
pâtissier, pâtissière	名 菓子職人	76	
père	男 父	30	
petit(e)	形 小さい	18	
petit déjeuner	男 朝食	151	
petite-fille	女 女性の孫	31	
petit-fils	男 男性の孫	31	
piano	男 ピアノ	21	
pied	女 足	111	
pierrot	男 道化師	18	
place	女 席	41	
plat	男 メイン料理	157	
plus	副 もっと	140	
pochette	女 ポシェット	37	

179

poison	男 毒		26
pompe	女 ポンプ		21
potage	男 ポタージュ		18
pot-au-feu	男 ポトフ		15
pot-pourri	男 ポプリ		24
premier, première			
	形 1番目の		47
prendre	動 とる、買う、乗る、食べる、飲む		133
printemps	男 春		46
purée	女 ピュレ（料理用語）		17

Q

quel(le)	形 どんな、何		46
qui	代 誰		55

R

raisin	男 ぶどう		130
recommander	動 推薦する		172
regarder	動 見る		72
règle	女 定規		39
remplir	動 満たす		168
réservation	女 予約		168
restaurant	男 レストラン		20
robe	女 ワンピース		37
rose	女 バラ		25
rouge	形 赤い		52

S

sac	男 バッグ		37
saison	女 季節		47
salade	女 サラダ		173
salade niçoise	女 ニース風サラダ		145
salon	男 サロン		16
salut	やあ		58
samedi	男 土曜日		46
sandwich au jambon			
	男 ハム入りサンドイッチ		174
saucisse	女 ソーセージ		33

saxophone	男 サクソフォーン		25
Seine	固女 セーヌ川		20
septembre	男 9月		45
seul(e)	形 ひとりで		165
shopping	男 買い物		123
silhouette	女 シルエット		22
s'il vous plaît	お願いします		64
sœur	女 姉妹		30
soif	女 のどの渇き		109
soir	男 晩、夕方		149
soleil	男 太陽		22
sommelier, sommelière			
	名 ソムリエ		18
sorbet	男 シャーベット		33
soufflé	男 スフレケーキ		25
sous	前 〜の下に		162
station	女 駅		68
steak frites	男 ステーキのフライドポテト添え		173
style	男 スタイル		17
styliste	名 デザイナー		18
stylo	男 ペン		39
stylo à bille	男 ボールペン		39
super	形 すごい		53
sur	前 〜の上に		162
symbole	男 シンボル		20
sympa	形 感じがよい		53

T

table	女 テーブル		172
tante	女 おば		31
tarte	女 タルト		33
taxi	男 タクシー		151
télévision	女 テレビ		127
tête	女 頭		110
thé	男 紅茶		26
théâtre	男 劇場		17
théorie	女 理論		26
tour Eiffel	固女 エッフェル塔		66

tous	代 みなさん	166
train	男 電車	41
travail	男 仕事	22
très	副 とても	28
troisième	形 3番目の	47

U

un peu	少し	101

V

vacances	女複 休暇	25
valise	女 スーツケース	41
vélo	男 自転車	41
vendredi	男 金曜日	46
ventre	男 お腹	111
vérifier	動 確かめる	169
Versailles	固 ヴェルサイユ（パリ近郊の都市名）	22
vert(e)	形 緑の	52
veste	女 ジャケット	37
vieux, vieille	形 年取った	51
ville	女 都市	22
vin	男 ワイン	33
violette	女 スミレ	21
visiter	動 訪れる、見学する	125
vite	副 はやく	141
voilà	あれが〜です	169
voisin(e)	名 隣人	32
voiture	女 自動車	41
Volvic	固 ヴォルヴィック（ミネラルウォーター）	16
vouloir	動 欲する、〜したい	158
voyage	男 旅行	61
voyager	動 旅行する	125

W

wagon	男 貨車	25
week-end	男 週末	25

Z

zoo	男 動物園	25

● 著者紹介 ●

塚越 敦子（つかこし あつこ）
慶應義塾大学、目白大学ほかで講師を務める。
著書に『フランス語 初歩の初歩』高橋書店、『文法からマスター！はじめてのフランス語』『イラストでわかる フランス語文法』ナツメ社、『フランス語 一歩先ゆく基本単語』三修社、『フランス語会話デビュー』（共著）三修社、『徹底攻略 仏検準2級』（共著）駿河台出版社などがある。

はじめての超カンタンフランス語　CD-ROM 1枚付

2014年3月25日　初版1刷発行
2019年7月 1日　初版4刷発行

著者	塚越 敦子
装丁・本文デザイン	▣ die
イラスト	ヨム ソネ
ナレーション	レナ・ジュンタ／福田 奈央
DTP・印刷・製本	音羽印刷株式会社
CD-ROM 制作	株式会社中録新社
発行	株式会社 駿河台出版社
	〒101-0062 東京都千代田区神田駿河台 3-7
	TEL 03-3291-1676 ／ FAX 03-3291-1675
	http://www.e-surugadai.com
発行人	井田 洋二

許可なしに転載、複製することを禁じます。落丁本、乱丁本はお取り替えいたします。

© ATSUKO TSUKAKOSHI 2014　Printed in Japan
ISBN　978-4-411-00535-9　C0085